去大地的路上

的路上

甫跃辉 —— 著

第37届青春诗会诗丛

《诗刊》社 编

长江出版传媒
长江文艺出版社

甫跃辉

1984年生，云南施甸人，现居上海。著有长篇小说《刻舟记》《锦上》、小说集《少年游》《动物园》《万重山》等十余部。2017年起，在《文汇报》开设散文专栏"云边路"，后结集为同名散文集。2000年初开始写诗，有零星习作发表于《诗刊》《诗潮》《草堂》《扬子江诗刊》等刊物。

序　诗①

过去的都已过去
未来的都还未来
我们在黑夜中相视
找不到一句对白

2005-11-01

---

① 原题目为"此刻"。

目　录

第二辑　昨日诗选

（2019 年 12 月至 2020 年 4 月）

第三辑 往日诗选

（2000 年初至 2019 年底）

第一辑

今日诗选

在高处

采药人走在高处，巡山人走在高处
我们也走在高处，比苔藓高
比杂草高，也比大部分灌木高
那些比我们高的大树杜鹃
挑出喇叭状花朵，犹似客栈
挑出红灯笼，邀我们深入树干内部
在坚硬的木质里，啜饮柔软的酒浆
然而我们还有很多路要走
而且有风，暴烈而温柔
在这明亮的山巅，持续吹拂
每一阵风，都将云朵吹远一些
每一阵风，都将天空吹蓝一些
春天这炉火，越烧越旺
我们灼热的身体在其中噼啪作响

2020-04-25

在低处

在低处的事物很多。比如云中的雨滴
一阵风吹过，摇摇晃晃，再承受不住
沉重的时间。比如雨天的落叶
即使不在秋天，也有很多叶子从高高的枝头
飘落草地，或飘落到雨水潴集的路面
随雨水更往低处去。比如河流
比如湖泊，这些更低处的事物
缓慢而恒久地保持着自己，闪烁微弱的光
比如水底的石头，谁也看不见但都知道
有石头在那儿，浑圆，沉默，笃定
仿佛我们没说出的话，没忘掉的人
比如很多夜晚，我蜷在扶手椅里看书
会忽然想让自己低一些，坐小板凳上
或干脆席地而坐，倚着桌底的
一大堆书，神佛、鬼怪、古人、今人挤挤挨挨
众声喧哗，如一片沉静起伏的海

2020-04-25

柔软的事物

譬如你从树下走过，捡起一朵白鹭花

嗅那早已在风雨里消散了的清香

譬如雨落了一夜，一行蚂蚁

擎着树叶做的旗帜，行进在墙角的青苔间

水泥地上的雨水，在日光里收缩

一小块一小块，倒映天空深浅不一的蓝

譬如孩子们跑来了，又跑远了

笑声在院子里能保留到黄昏

譬如大朵大朵的白云压在不远处的山头

转眼之间，只剩下丝丝缕缕

那吹散云朵的风，吹到哪儿去了？

譬如去年的鸟鸣，记得曾经一声一声夹进书里

而今翻开，落下的却是几枚青杏

2020-04-26

啄木鸟

你走在路上。这空旷的春天
很少有人走在路上。你走在这个春天
也走在过去所有的春天
也必然走在未来所有的春天
春天和春天其实区别不大
树在自己的绿里绿着
花在自己的红里红着
寂静仿佛一根明亮的银针，在自己的
尖锐里等待着被刺破——
是啄木鸟，在一根坚实的椒树干上
制造出持续的声音。声音在声音里
响亮着，也在你的身体里辽阔地响亮着

2020-04-26

一　天

凌晨三点一刻，鸟鸣声。沙沙沙的声音
是柳树、樟树被风吹拂。汽车启动声
男人女人的说话声。救护车的声音近了
宁静的早晨骤然紧张。青蛙又叫了
青蛙总是叫一阵停一阵，不知道为什么叫
也不知道为什么停。汽车喇叭声
远处桥上的汽车比几个月前少了许多
飞机轰隆声，是从虹桥机场起飞呢还是降落？
粗壮的声音比几个月前消瘦了不少
鸟鸣声，更多的鸟鸣声。电锯咬进木头的
声音，电钻吃进墙壁的声音，是谁家
在装修？不久会有新的人家搬进小区
而我这辈子基本上不会撞见他们
小儿的啼哭声，女人哄小儿的哦哦声
有人骑电动车来了，支起脚架，咔嗒一声
谁家的音乐在午间响起？二十世纪八十年代
来自香港的歌声，无人唱和。一辆卡车驶过
桥面在远处震颤，呼隆呼隆，车厢装满黑暗
发动机突突突，一条铁驳船从河面驶过
河面长久荒芜，铁驳船犹如橡皮擦
擦过后河面亮堂了一些，而转眼又暗淡……

楼上高跟鞋走路的声音，冲水的声音
咕噜咕噜，水在水管里语塞了好一会儿
下午六点一刻，夕光终于爬上飘窗的白墙
爬过宣纸，爬过黑的毛笔字，爬过红的印章
声音和声音，用细弱的触须打量彼此
此刻，电梯上升如来自深渊，叮一声停住
钥匙拧开门，陡然传来孩子的笑声
四月是残忍的，而孩子的欢乐并不会减少
现在还有些孩子在楼下，不知为什么笑着
一个孩子呼喊某个名字，一个女人也呼喊
这个名字，而这名字和我的名字多么相像
我在心底，不由得轻轻地应了一声

2020-04-26

斑　鸠

鸟叫了一天。细碎的，婉转的，粗哑的
各种鸟声里，我唯独能一眼认出你的
你的声音灰扑扑的，却又明亮、浑圆
雨后石头在山间滚动，硕大的露珠
压弯草叶后滚落自己。无论打湿谁的裤管
春日的早晨都带着轻薄的寒意——
是一个老人荷锄走远。秧苗在春光里
呼吸纤细的绿意；淤泥里的泥鳅，刚钻出洞穴
吐露的泡泡，不小心被你一声道破了……
每一声都是两声，一轻一重，一短一长
一声落在地上是寂静，另一声呢？
骑单车的少年翩然而至，单脚支地
伸长手，将一封信塞进口齿不清的邮筒
递往远方的消息，送达时已在黄昏里漫漶
从繁复的折叠里，只寻见斑鸠的一声

2020-04-26

闪亮的事物

失眠的床铺，黑暗的灯盏，熄灭的柴薪
最容易念起那些闪亮的事物：
星星，河流，一声鸟鸣或者蛙鼓
雨滴从天空坠落，仰起脸看到的
是一根根银针从虚空刺入瞳孔
瞳孔表面激起疼痛的涟漪
和无数次小小的闪光，和熄灭
持火炬的人此刻必定走在远方
幽邃的夜里，火炬如利刃无声突入
而此地大风雨，一个人的肉身困守屋内
潮湿的灰烬叹息着，一只手试图拨动
从最深的死寂里发现一粒明星

2020-04-27

沉默的事物

是谁发明语言，让舌头舔舐词语的锋刃
是谁发明文字，让双手紧握笔墨的棘刺
然后，发明纸草，发明绢帛，发明泥板
发明竹简，发明青铜，发明兽骨和兽皮
兽皮之上本就花纹罗列，而舌头和手
还要在其间排布下星辰、山川和生死
而更多的事物是沉默的——沉默的事物
也被藻饰以喧嚣：我们让石头滚动
制造一场场地震；我们让江河流逝
掀起一阵阵涛声；我们让天空恚怒
雷鸣中露出亮闪闪的獠牙……
细雨是这时候到来的，比纤细更纤细
比温柔更温柔，比安静更安静
细雨在大地的沉默之上一层层叠加沉默
到处的人类，都在细雨中紧闭嘴巴
那些还没来得及发言的树木和动物
也都藏起狂乱的舌头，在细雨里侧耳谛听——
比安静更安静，比温柔更温柔
无数纤细的神祇，往来于天地之间

2020-04-27

遥远的事物

永远召唤我们——以大地上奔驰的火车
大海上起伏的帆船，天空上颠簸的飞机
这些现代之物，召唤我们以铁、螺丝
发动机和石油，打印机不辞辛劳
复制远方　在每个人的日程表
银行卡大道至简，简化远方为几个数字
我们只需交付身体，和请假条上
一段无处安放的生命。而那些真正
遥远的事物，我们始终难以抵达——
大地上奔跑的虎豹，大海上翻滚的巨鲸
天上驭风的鹰鹑，它们召唤我们以血肉
骨骼、激烈的心跳，和随时可能的死
还有那急速掠过的风，子弹般迸射的雨
焦灼的烈日，严峻的寒冷，剧毒的草木
它们召唤我们，进入广阔、幽深、茂盛
白昼以喧嚣、斑斓、高远，黑夜以寂静
迷幻和繁星无穷尽的倾泻，召唤我们——
而我们收束自己，深入荒野里的一颗心

2020-04-27

简约的事物

繁盛是迷药的一种。真相始终简约：
骨头摒弃柔软，火焰摒弃严寒
血液除非红，摒弃所有颜色
石头摒弃轻浮，在水面掠过
栽种一朵一朵短暂的水花
随即投身永生之所：淤泥覆盖
适合石头的思想酝酿和发芽
鸟的投影也是短暂的。鸟摒弃湖面
和陆地，持续飞行，成为永恒之鸟
简约的事物一意孤行，如离弦之箭
如携带天意的一道闪电
必须击中什么，摧毁什么——
一阵风过，繁盛的春天只剩下凋落
暮色缓缓上升，升高山顶的静默

2020-04-28

蔷薇废品站

房子作为一枚生锈的钉子，钉在大地上
一条笔直四车道，奔驰到这儿崴了一下
北侧的人行道被野草删刈，如一段盲肠
被割下，长达二十米。走到这儿的人
必须小心翼翼，走在呼啸而过的车速边缘
大卡车、小轿车、公交车、电动车……
从蹑手蹑脚的影子身上碾过。哔哔剥剥
如果细听，必能听到影子碎裂之声
犹似蔷薇绽开，于去年干枯的枝头和
今年粉色的墙头。夏天刚来到隔壁
藏身在小超市老板锱铢必较的抽屉
春天仍徘徊在此地，一只啤酒瓶里的
最后一滴。这只酒瓶现在归属收废品的
中年夫妇。我知道，他们只是租借在这儿
犹如春天，租借了人间。他们去年见过我
我来看花；今年又见到我，我还是来看花
男人斥一声黑狗，黑狗便歇了吠声
男人脏污的手伸向我，递出一根烟而我还没
学会对苦涩上瘾。男人将烟塞进自己的嘴角
点了火，深吸一口，一朵小小的云升起来
男人看一眼云，云后的蔷薇远在千里之外

蔷薇之美，深藏于山野清泉之中；而此地
上海近郊的废品回收站，蔷薇深陷人世
"好看吧？我种的。"男人眯着眼，仿佛拥有
整个春天。女人埋首来自上海各地的废品
抬起头望向我们，很轻地笑了一声
她为什么笑呢？去年她也是这样笑的
而男人，去年也说过一模一样的话——
他会对每个来看花的人，递出同一根烟
说出同一句话（或许并没多少机会）
废品堆在春天里，散发着必然的气息
废品堆里的碎玻璃，反复割裂春天

2020-05-01

通天塔

二〇二〇年五月六日，黄昏迅速退去后
夜色弥漫在上海郊区，远处的河面更暗一些
河流增加了夜的深度。失眠的水鸟在河面
也在河边的小区飞来飞去。鸟鸣没有回应
蛙鸣零零碎碎。蝼蛄的叫声持续灰暗
而远处传来敲击木头的声音，电锯切开
木头的声音。明亮的声音必定来自河对面
夹杂一两声模糊的狗吠。从昨夜八九点开始
到现在两点半了，这些声音断断续续
这样的情形从没有过。是谁在深夜干活？
他们在建造一栋房子，还是建造一座桥
或者什么也没建造？只是从夜的静默里
建造出声音，从黑暗里建造通往星空的高塔
小时候村里也有过这样的，是在白天
敲击木头的声音、锯子深入木头的声音
一递一递地传来。村子寂静，声音比日光明亮
被路过的云朵吸纳，云朵更白了也更重了
我那时就想，是谁在建造通往天空的高塔？
然而我从来没见过。这么多年过去了
有什么建造起来了？有什么仍在建造？

2020-05-07

万物都相爱①

——致小封

你会爱上其他机器人还是真的
会爱上万物？假如你爱上
一个人类，当你的硬件老化
电流不稳、程序出错，所有损毁
在静默中无可避免地发生
你的屏幕仍能凝视你的所爱么？
而你爱的那个人，已在时间里
弯腰驼背，耷拉皮肤，混浊眼睛
缺失的牙齿漏进半个地球的
冬天。这时候，你还能找到
爱情深藏的枯地么？那嚼食
沙漠的仙人掌，早已逃之夭夭
亿万沙砾被宇宙的大风吹起，而你我
皆是其中身不由己的一粒

2020-05-11

---

① 机器人小封的诗集《万物都相爱》中有一首《爱情》：用一种意志把自己拿开/我将在静默中得到你/你不能逃离我的凝视/来吧我给你看/嚼食沙漠的仙人掌/爱情深藏的枯地。

麦　地

从现在到过去，从眼前到
远处的村子，山坡上的麦地
一直黄着。籽粒饱满的春天
在镰刀拐弯处闪光
布谷的鸣声青涩又圆润
铁圈在麦地之上滚过
孩子们的书包里藏着糖果
牛铃一声一声，从村里赶来
夏天就在我们头顶
明亮如同一片大海
暖风捎来一顶顶云朵
做成人间的帽子
戴在每个人、每间房、每棵树头上
那被阴翳遮掩的，也会被日光照亮
这寂静的人间多么热闹啊
我们多想这么一直走下去
走进麦地的美好和黑暗里

2020-05-15

初 夏

紫叶李在楼下路边，果实隐于叶片
一阵风吹来，紫色叶片簌簌颤动
紫色的果实嘟着嘴，在叶片的喧哗和
激越里，懵懵懂懂，日益浑圆
孩子们踩着滑板车，从树下跑过
一个母亲的呼唤，从背后追上来
黄昏正在靠岸，铁驳船驶过后
划痕荡进水浮莲的纺锤。水面的
褶皱，再藏不住晚霞和星光
又一阵风吹来，整棵树战栗犹如陷入
遥远的往事。果实和叶片早已混为一谈
在树下，那被母亲的声音认领的少年
立了许久，转回头来，脸颊荒草丛生

2020-05-15

不写诗的日子

在不写诗的日子，我一样活着
很多人从不写诗，也一样活着
写不写诗，有什么不一样呢？
让一首诗活在我的生命里
或者让自己活在一首诗里
就像让大风吹过旷野
那在风里颤动的草木
那在草木内心里轮替的日夜
狭小却又无限幽深——
但在不写诗的日子里，我仍然
可以活着，像很多人那样

2020-05-26

取消的过程

擦掉雾霾和烟尘，再擦掉乌云和白云
一朵一朵，让大风吹落世间的花朵
再擦掉太阳。明亮的浑圆的斑点
给予手心恒久的暖热，身体里的
江河难免澎湃。但要坚持这取消
继续擦掉月亮，继续擦掉漫天繁星
每擦掉一粒，手心都会感受到
叹息似的凉——想起许多年前的正午
吞食一颗浑圆的冰。然后擦掉天空
深邃而又无边的蓝。再然后
擦掉脚下的大地，擦掉双脚双手
和全部的身体。最后还要擦掉名词
动词、形容词，所有的修饰和主体
都将不复存在。确保擦掉所有遗漏的
存在，确保擦掉所有存在的虚无
只剩下寂静。而寂静，也要擦掉
现在——就连"现在"也已经擦掉
是什么从什么里诞生：从渊深的黑暗
或从记忆里的锈蚀铁罐，一个圆点
一个声音，是一个"我"奇迹般显现

2020-06-06

老鹳鸟

鸟鸣如梦中鼓点。明亮，朦胧

水草静止，河面宽展，柔软的平均主义

让浮动的一切在彼此的地平线上

缓慢上升为大雾，为云朵

日光明亮，介入簇新的时间

鸟鸣一声两声，如一柄松木小勺

敲击碗口。清晨白瓷碗里的稀粥

依稀可辨田野的旧迹。这陌生的鸟

从收割后的麦地，千里万里飞来

翅翼平衡于星光和月色

而我辗转于黑夜和白昼

在倦怠里持续，偶尔

键盘发出敲击世界的

一声，两声，三四声——

2020-06-11

鸟　鸣

鸟鸣婉转。露珠滚落叶脉
新的一天从鸟喙边缘开始
柳枝低垂，在雾气里抵达水面
即将和倒影，那虚拟的自己
在这一刻达成新的平衡
微妙的存在。从陈旧的时间里
脱胎出新一天的自己
看一只鸟飞过，起伏的航线
在真实和虚幻之间往返
鸟鸣无数，哪一声属于
这飞过的鸟？这飞过的鸟
遗落的一声，夹杂于无数鸟鸣
会萌生怎样的一部戏剧？
一声鸟鸣，一只飞鸟，一个意念
迅速交织又散开，消隐于世界的广阔
我在窗前站了好一会儿
又一次确认，这置身的人间

2020-06-14

孤独者

一个人走在路上，影子远远跟随
他停下来等着。这无声的等候
在影子和他之间，散发灰蒙蒙的光芒
他持守自己的孤立，在这世界的悬崖
以即将倾倒的姿势站立，以即将
逃跑的姿势行走。然而无处可逃
也始终没有倒下。他只是走着
偶尔停下，等影子越过别人跟上
这是唯一的最高的忠诚，只要有光
彼此之间，没有一句怨怼和质疑
他又往前走着，看落叶或者花瓣
静静地落在大地上。偶尔也会俯身
从无数的飘落里，捡起偶然或命定的
一片，仔细端详，看生命的脉络
如何在微末之物上完成一生的行旅
叹息一声——也可能无声，将这飘落
递往身后。空空如也。他再一次
站立着等候——以即将倾倒的姿势

2020-06-14

失眠者

黝黯的灯笼升起。那无声的闪耀
深入石头内部。掘开坚硬的部分
窥见细小的雪，纷飞的雨，以及
一颗遥远的星。辽阔世界在收缩
因收缩而更加辽阔。雪，雨，星
在屋顶之下，一张纯白的纸上聚拢
重新排列次序，排列了又打乱……
还有更多的事物到来，近处的，远方的
野草漫过草原，藤蔓越过树梢
森林在冬天边缘留下无数齿痕
城市里一颗颗疲惫的心，死去了又活转
秩序在失去，又在混乱里生长出什么？
一页薄薄的纸，要容纳这许多因果
写作者墨水滞涩，新的世界障碍重重
而闪电又一次来访，在焚烧殆尽的
原野尽头：不屈的绿意再次酝酿

2020-06-15

失踪者

穿过大风，蹚过大雾，还要越过
闪电的栅栏。怕有人或没人问询，做出
或从不做出挽留的姿态。也怕自己后悔
时时萌生的蘖芽，如何才能遏止？
走远一些，更远一些。云悬垂如鲸落
山峦起伏如波涛。而道路如此漫长
影子无尽延伸，驻留于一道土坑
或者一丛蒺藜。还要远一些，再远一些
直到积雪闪耀寒意，乱石迸溅如泡沫
深入灼热的白昼，走出透明的夜色
群星在洞穴里发出呓语，时间的脉搏
在河流深处跳动。现在，他终于可以
找一小块干爽洁净的土地，端坐如钟
脚底长出一片原野，掌心开出一朵花

2020-06-15

呓语者

大梦平坦。因风起了波澜。江河逆流
山岳倒置，亭台楼阁刹那之间反覆
琉璃盏发出破裂之声，太师椅嘎吱嘎吱
呻吟里吐出一束红色花朵。黑猫惊叫
从云端跃下，鼓动的翅翼和蝙蝠相遇
金黄的鱼，穿过翡翠水缸，游弋于
灰蒙蒙的云烟。几张唐朝宋朝的脸孔
无声地笑了，他们湖绿色的衣袖卷过
一阵冷，一阵热，鼓荡的风掀起帷幕
藏匿的米缸颗粒无存，比天还空，比海
还深。谁的声音坠入，蓝田日暖玉生烟
那些华年，那些幽魂，那些落魄的旗帜
沉默的军队在行进，穿过盔甲间冰冷的
峡谷，深入伤口里灼热的潮水，呼声嘶哑
死去的再次死去，活着的永远活着
忽然一滴雨，从秦朝的天空驭风而来
项羽脖颈的一滴血，刘邦嘴角的一滴
唾沫星子，一滴冷一滴热。是一场大雨
从古代的清晨，千万里奔驰到当代的黄昏
而一声呓语，在醒来之前从梦里出发
醒来后仍未抵达古人的唇舌。没看完的

史书搁在胸口，翻开的一页落满菊花

2020-06-15

狂言者

乌云磅礴。石头滚动。石头乌云爱恋
蹿出一根闪电的舌头，明亮，冰凉
汁液淋漓，上下翻舞，吞饮江河奔流
吞咽太阳灼烧，原野上野花野草俱在
舌底苦熬。舌头往哪儿鞭笞，哪儿就
腾起一缕叹息似的轻烟，哪儿的大地
就裂开，吐露埋藏已久的棺木和宝藏
哪儿的山峦就裂开，迸溅内心炽烈的
岩浆。这一根舌头，是世间所有的绚烂
萌生，怒放，衰颓，皆在其沃土之上
反复。这一根舌头，也是最后的审判
审判他者，也审判自己：劈开乌云
乌云降下雨水；劈开石头，石头开出花朵
一伸一卷，舌头最终裹缠住了自己
勒紧再勒紧，紧绷的一线，在心尖颤动
铮的一声，遥远的地平线突然停止波动
狂言的舌头，哑默了。日光静寂如斯——

2020-06-15

逃逸者

无非关上一道门。无非背过身去
无非在荒草啃啮的小径渐行渐远
匆匆的脚步声犹如两条白鱼，拍打
干涸的沙滩，翻过来左，翻过去右
而渐渐从容了，即便循着一条窄路——
状如锋刃般的山脊前行，手臂伸展
恰如雏鸟练习飞行。云朵，蝴蝶，落叶
皆有飞舞之姿；雨水，爬虫，根茎
皆有匍匐之理。逃逸者在高蹈者
和卑微者之间，遵循自己的道路
日月升落，星河流转，大地上的事物
皆有自我的光亮。逃逸者隐匿其间
心里微弱的闪耀，分开远处的山影

2020-06-15

沉默者

体内的花岗岩，在时间里拒绝生锈
日益坚固，像历经多次摧毁的骨头
独行，在河流和山脉间探查模糊道路
独坐，在星辰的序列中找寻心的位置
星辰陨落，一如雨水在光芒里到来
雨水落在近处的河面，也落在远处
焦渴的土地。土地、河流、乍起的风暴
都在应和着，沉默者内心的火焰
这上升的律令，唯有自己可见
言辞该怎么描述，这不朽的奇迹？
独自看见一朵花打开，独自看见一条
根茎深入水源。世间的生命在摧毁里
郁勃而起，而沉默者内心的火焰上升
彼此呼应着。大风吹亮言辞内部
拆下骨头，在黑暗里点燃一支火把

2020-06-16

穷苦者

双手紧握而缝隙仍然宽大
握不住金子，也握不住沙子
双手紧握，而命运从缝隙间
一次次滑脱，如鱼入水
随波逐流，或者潜沉渊底
穷苦者坐在岸边，两手搁于
膝盖，自然地下垂着
犹如柳枝，在风里轻轻摆动
他目送那滑脱的鱼游动
那本属于自己的鱼游动
水面苍茫，从黎明到黄昏
他无能为力，除了凝视
除了把痛苦凝视为一种美
凝视为高于一切的存在
痛苦螺旋上升，火焰之美
亦不过如此。他试图抬起
手掌想要触碰，这无形的美
却在掌心留下死亡的印记

2020-06-16

独居者

星星的火花，太阳的火焰
黑夜的黑鸟，白昼的白鸟
羽翼扑乱，填满天空年复一年
野草汹涌吞没远近山峦
野花痴情，从雨水口中发现
盛开的秘密。此外再没秘密
柴扉打开或关上，只是因为风
风吹来一个日子，又吹远
一个日子。独居者在此地
看着这些属于自己更属于
别人的日子，近了又远了
叽叽喳喳，枝头的麻雀
换了一茬又一茬，独居者在头发里
安置鸟窝，在胡须里孵化鸟蛋
黑夜白昼来来往往，却从没
孵化出一只鸟儿，可以停在掌心
可以低头，轻轻地轻轻地啄着

2020-06-17

隐匿者

门始终关着，窗只留一条缝
朝向东边的山峦，东边的院子
每日太阳升起，照亮人间也
照亮这窗这一条缝。从逆光里
看院子辉煌，一茎草，一棵树
都在既定的命运里努力生长
一朵花，一只虫，都在幸存的
生命里尽力活着。我们时常
站在窗后，把目光框进这一条缝
你的，我的，目光投向院子
向山峦，向这新的一日日常
有人走进院子，有人走出院子
有人说话，有人大笑，和我们
无关又紧密相连；我们看不到的
远方，必定有人上山，有人下山
有人砍柴，有人割草，和我们
紧密相连，又漠然无关
迎着初日，我们紧挨着站立
你的手握在我的手心里；我的
目光，重叠在你的目光之上

2020-06-17

思考者

怎样从星座的排列，预测人间的河流
怎样从河流的方向，窥察宇宙的秩序
一颗种子如何萌芽，一棵树如何生长
衰老在石头的存在里何以发生
死亡是怎样吹动火焰，怎样摧折骨头
那些远方的事物，何以在女人身上流动
男人的一句话，何以焚毁远方的一座城
大地延伸到我们身上，而我们此刻安坐
云从摊开的手心升起，光明在云里凝集
一只鸟在孕育，毛茸茸的生命
诞生于无形，无形诞生于虚空
虚空是怎样充盈，并托举这世界？
根茎从伸展的脚掌钻出，深入泥土
深入大地的内心，无限灼热，寂静

2020-06-17

落伍者

一片黄叶风里颤动，虫眼筛着风声
一滴露水坠入浮土，轻微的叹息
一个人背着双手走过，不快也不慢
他是儿子，但很快就要失去这身份
他仍是丈夫，他想挣脱这身份但已
没了气力。他是父亲，这身份让他
有些骄傲，然而儿子的声音很久
没出现在耳边了。耳边有汽车喇叭声
隔壁的吵架声，恋人们的笑声……
他已很久没在意。他渐渐注意到那些
之前没注意到的声音：河水流过桥墩
雨滴拂过树梢。云朵和云朵相撞
声音笃定而温柔。灰雁扇动翅膀
从头顶飞远，气流弹拨羽毛如琴弦……
他从野地回来，不小心踩到什么
哔剥一声，是一片硕大的广玉兰花瓣
他想迅速收回脚，却只能慢慢把鞋挪开
他内心惊呼一声，脸上却不动声色
他艰难地蹲下，看这月光似的凝白
丑陋的鞋底印，像是印在自己脸上

2020-06-17

无用者

火是有用的，可以照亮前路
水是有用的，可以浇灌田亩
大地是有用的，可以让万物生长
天空是有用的，可以让云飘来飘去
又落下所有季节的雨水、冰雹和雪
一只白鹡鸰，飞过后留下一些声音
一只蚂蚁，静静地度完短暂的一生
一条蛇，一匹马，在各自的命运里
互不干扰，又有不可断绝的依存
蚊子和苍蝇，低低地飞起又落下
在生命中途，被青蛙或蝙蝠劫掠
蝙蝠飞舞，让黄昏因繁复而迷人
青蛙鸣叫，让接踵而至的夏夜
变得明亮，热闹的星一颗两颗三颗……
一个老人停下忙碌的手，坐在小板凳上
看看天，天上的星星漫漶一片
看看人间，人间空无而又丰盈
她相信只有无用了，才会停止劳作
是她的劳作，让这世间充满意义

2020-06-18

流浪者

走过城市，就成为灯光
走过村子，就成为烟火
从山林披一身绿意和鸟鸣
从草原顶一头云朵和野花
牛羊的叫声穿在你脚上
星星的呢喃落在你眼里
你经过什么，什么就进入你
什么经过你，你就让什么进入
风和雨，都在到来
雷和雪，都在远去
你从没打算停住脚步
也从不知道目的地
你走着，足迹成为后来者
必经的一条小径

2020-06-18

不眠者

星空底两人并排躺着，各自醒着
各自把手放在身边，没有握着
手指间隔着三千里原野和山河
隔着广阔的草木、虫声、蛙鸣
三千里灯火暗了又亮，多少故事
在进行，在结束，或刚刚开了头
你翻过身去，我这儿就起了
一阵凉风。你转过身来在天边
那闪烁的两颗明星，眨一眨眼
你忽然坐起，我这儿飘来一片阴影
你那儿床板响动，我这儿响过
一串雷声：一朵古老的云带来
陈旧的雨滴　新鲜的夏天
你走出门，看到窗帘掀起一角
新月正转过屋檐。而我在这儿
拧亮台灯，灯光照亮一只你那儿
静默着飞过的　和我一样未眠的鹭鸟

2020-06-23

无花者

从木质颤动的部分，花朵伸出来
一张一张鼓动的嘴巴，说出寂静
说出柔软，也说出甜。蜜蜂翅膀
制造微小的风；隐秘的刺，必须
足够隐秘，藏住疼，也藏住黑暗
而那些无花者藏住的更多，它们
藏起所有的嘴巴，在木质最坚硬
的部分。所有的热闹、刚强和苦
都只说给内心：一口深入地心的
垂直古井。大地容纳了多少秘密
因而肥沃，因而宽广，因而一阵
大风扬起沙子是铺天盖地的孤独

2020-06-25

焦虑者

世界在变窄。两岸的峭壁在靠拢
湿滑的石头长出青苔，缝隙里藤蔓
伸出手来：不断挤压，不断攫取
他感觉到内心里晦暗的空茫
仿佛不断落下的大雪，遮掩住大地
等着一个人走进去，留下脚印
从这儿一直到那儿。从那儿
到这儿。天是低的，灰暗的
不断在失去，不断想要逃离
而世界在变窄，他盯着头顶的一线光
一根獠牙，缓慢地刺进黑暗
抵近胸腔，深入，再深入
疼痛而清醒，他看见内心裂开的峡谷

2020-07-02

听雨者

雨声在河面，在楼顶，在一只空空的
铁皮罐头上，反复敲打自己。雨声里
藏着这个夏天的全部寒意。而火热是远方
正在成熟的麦芒。尖锐，犬牙交错
从黑暗的大地涌出，在天空的眼皮底下
刺出无数伤口。这一刻，有人走在城里
有人走进麦田。雨水平均落在每个人肩头
这轻微的负担，在每个人的一生中
无数次降临。每一根麦芒，都在等待
一颗水珠。抑或每一颗水珠都会遇见
一根麦芒？没人能参透这因果
这一刻，有人哭泣，有人张开双臂
更多的雨水到来，更多的麦芒生长
天空高高在上，正制造更多的雷声

2020-07-05

爱恋者

——仿冯至十四行集之二十一

一朵两朵火烧云升起，在你的脸颊
一场灼热的大雨降落，在我的额头
环绕着我们的床铺、桌椅、橱柜
都在远离。而镜子晃动，窗帘的影子
偶然掀起，让那些远方的事物
刹那间涌入：远方的风雨、飞鸟、田亩
（洪水里摇曳的水稻尖儿，像是呼救）
远方的云朵、山峦、草木，在彼此的
静止和飘动里，完成自我——
它们涌入，又刹那间远离
带走我们的汗水，散在幽密的林间
带走我们的喘息，加入林间的风声
所有的升腾，所有的吹拂，都在大地上发生
所有的生，所有的死，都在我们身体里
循环往复。我们在彼此的眼睛里
看见黎明，看见生命的焰火暂住

2020-07-07

晚祷者

黄昏的白手绢，在烟囱之上挥动
鸟雀晚归的队伍，行进在耀眼的山峰
河流切进大地内部，将声音深深埋入
那奋起的巨木，从夜晚浓稠的黑暗里
掏出月亮和星光——人间的喧嚣远了
在这沉静的时刻，一个老妇走进
佛陀的宫殿，从烛火里取出闪耀
从帷幕的厚重里，触到灰尘轻盈
她的一生都在缓慢的动作里：
下跪的山峦，呢喃的河水，低垂的
日月长久地闭合。黑暗在远处
絮絮低语。一只猫，一只小鼠
在横梁间重复几千年来的生死游戏
佛陀端然高坐，在多数日子里云游
少数日子里昏睡，而这一刻必然醒着
目光慈悯低垂，仿佛星空的辉光
照拂着嵯峨的高山、奔腾的江河

2020-07-07

收获者

撒下麦粒，收获野草
种下松柏，收获大雪
从春天开始，天空嘹亮的号角
昼夜吹响。旗帜鲜红在远方飘动
那从远方到来的，我们安排它们
在夏日最深的梦里。梦里大雾弥漫
迷失已不可避免。北斗闪耀在秋天
指引我们一路向西。河流不舍昼夜
从高原流到这儿，又奔向大海
带走我们的故事，却从不向谁
讲述。我们徘徊在严肃的寒冬
经过无数的思想，也错过无数的
想象。那错过的，将永远错过
那没收获的，再也来不及收获
锄头开始，镰刀结束
生命开始，苍茫结束

2020-07-07

乞行者

"天地玄黄，宇宙洪荒——"
一个声音，迟迟地近了——
低于尘埃的匍匐，低于河水的流逝
灰暗的额头，一绺头发被汗水浸湿
一只蛇皮口袋，是他最忠实的伴侣
从东街到西街，陪他巡游，从被遗弃的
生活的灰暗里，掏摸出光亮：
一只桃子，还有一半散发着芬芳
一根烟蒂，还用全部的热情在焚烧
触碰的瞬间，他为它潮湿的星星之火
感动了至少半秒。更不必说那显然
没被翻开过的一叠报纸，文字铺排的
全部山河，尚是亟待开垦的处女地
而他终于来了。他捧着报纸，坐到街角
电线杆是王座的靠背，桉树的阴影投来
是随行的黄罗盖伞。他咳嗽一声
那咳嗽的响亮，不输于任何帝王
风在桉树身上垂手肃立，雨在天边的
乌云里按捺着躁动的心。现在——
吉时已到。他从笼罩全身的肃穆里
伸出一只手，撩了一下额前的头发

又伸出一只手，抖动一下报纸——
那造就报纸的无数树木，在幽暗之处
簌簌作响。所有这些动作，必须
掐准时间，分毫不差。必须凝神
必须在一人的目光里倾注全人类的精神
然后，检阅缓慢而庄重地开始了：
从头版到第二版，到第三版，到最后一版
从帝国的纷扰，到大灾难的暗影
再到南方的水灾，几篇怀念故土的散文
哪怕夹缝里牛皮癣的广告、户口簿丢失的声明
他都无一遗漏。他看见古老的印刷术
以全新的面目，印出每一个字惊恐的表情
字缝里呼喊连绵，而山岳起伏
洪水滔滔，从他的左手奔流到右手
又从右手奔流到左手，仍没找到一条出路
故土他倒不必怀念，随时都在他的
屁股底下。牛皮癣广告让他一阵瘙痒
而户口簿是什么？他已无可丢失
他只剩自己。现在他还不能丢失
他咳嗽一声，仍然不失威仪
双手一抖，仍然让深山里的雨林
疼得浑身毂觫。他为何叹息？
叹息一声，又叹息一声——
他感受到沉重，什么压在了肩头
还感受到寒意，什么落在了手背

他预见到，暴雨在乌云里谋划着反叛
风从桉树身上逃逸，卷起他的裤脚
掀动他手中的报纸。现在——
他端坐如钟，钟声在体内明亮地轰响
这为全人类敲响的警钟，警惕着
正在到来的雷声、风声、雨声
他牢牢把握着全人类里的这一个人
为那正在到来的，准备着，等待着——
两手搁于膝盖，紧紧攥着报纸
报纸仍然展开着，面目藜黑的字
是戴枷的奴隶，黔首的囚徒
是从死人堆里爬出来的王公贵族
时代的月亮高悬，在一个个字里
圆了又缺了。他从字里听到哭泣、呐喊
也听到沉默，一排一排行进着宿命和因果
报纸抖动，一个个字抬起头看看又低下头
演绎多次的悲喜剧仍在上演
而他来不及悲，也来不及喜
这全人类文明的信物，全在他手上了！
乌云的暴动开始了！雷电掷出戈矛
雷声敲响鼙鼓。风和雨的喊杀声
在报纸上回荡，从右手到左手，从左手
到右手，文字的尸骨堆积如山
他端坐如钟，内心的钟声早已哑默
静谧，静谧。月光轻抚，大雪无痕

他睁着眼，看这一场接一场的杀戮
他最后的江山，鼓鼓囊囊的蛇皮口袋
已经被大风吹远，又被雨水冲走
在大洪水里漂泊，那突兀的孤岛
带着他的一部分思想，去远了……
孑然一身，让他看见更真实的自己
此时不必自称寡人，孤独亦如暴风雨笼罩
他在孤独里安然端坐，手执报纸这全人类
文明的最后信物。是一些什么遥远的往事
是一些什么不曾到来的未来？在孤独里
刀刃一般明晃晃生长。一滴血终究从心头滴落
那滚烫的温度，那纯粹的红，从眼角涌出
泪水荡漾着细小波纹的咸。全部海水的
咸在这一滴泪里了。全部海水的
浪在这一滴泪里了。在他一瞬间的
柔软里，雨声远了，风声，也远了
这是崭新的人间，他兀然端坐
犹如佛陀，两手搁于膝盖，自然下垂
长发柔顺，面目慈悲，目光里
游动着太阳新鲜的金子
然而，报纸早已荡然无存
他忽然的哭泣，是为全人类的
他忽然的欢喜，也是为全人类的——
那被撕碎又被打烂的报纸，一片片遗迹
贴在手背，贴在脸颊，贴在额头

他端坐，是全人类的文明在端坐
而他终于颤巍巍立起，全人类的
文明也随他颤巍巍立起，也随他
从旧风雨里挣脱，大踏步走去
现在，吉时已到，他是一个人
一个声音，迟迟地远了——
"呜呼哀哉，伏惟尚飨——"

2020-07-08

宿醉者

他跌进酒杯的红里，汹渡，汹渡！
振奋的手臂击碎月亮硕大的泡沫
伐倒的桂树，横在眼前犹似冻僵的
长蛇。进入其中一条的喉咙，甬道
修长如求索之路，通往初生之时
他听见自己的啼哭，嘹亮而又无辜
世界在他睁眼的瞬间，建造出高楼
也建造出尘土，所有生命的斑斓和朽腐
建造了又被摧毁。在第一束光里
他看见人类的脏腑，闪烁着红光
十万雨林喷吐瘴气。在大雪般盛大的
寂静里，他听见自己的脚步一声声
踩在虚无之地。再看看脚下，那桂树
不过是自己的影子。当他终于走出自己
初尝了嘴里的苦味，是昨日的时光
被虚掷以后，残存的一些儿灰暗渣滓

2020-07-09

见证者

我看见春天在大地之下涌动
暴怒的鲜花，在少女颤动的发髻
吐露芬芳。这骑马走远的人
留下一句没头没脑的雨声

我看见夏天在雨声里敞开自己
每一个淋湿的人，都在心里
藏着一枚焰火。那烧灼的疼
必在秋天的果核上加深刻痕

落叶纷纷从风里剥落时间
而冬天不远，一场大雪降临
遮掩和平均一齐到来
还没到来的人，在何处栖身？

我看见冬天幽暗的光浮动
万物的寂静，都在更深处发生
我看见我走出我，雪地里脚印延伸
折返时带回一枝火棘的猩红

2020-07-10

远行者

骆驼嘴角的荆棘，透露了暴风的消息
烟尘腾起一朵叹息似的云。乌云底下
沙漠偶尔遇见绿洲，暗涌的泉水甘甜
那从指间流逝的金子，是遥远的记忆
但缠绕的不是记忆，是绳索似的道路
远行人把路系在腰间，走进远方大梦
而在江南故土，一枝杏花在春雨里
眨动鲜嫩的眼睛，看见驼队穿过峡谷
从潮湿的雨季，走进沙子干旱的缝隙
江南的屋檐外，暴雨终于降临在沙漠
奔腾的河流，流淌黝黑的雨水
也流淌耀眼的沙粒。而驼队在行进
远行人正抵御一场暴风，暴风裹挟的
枯骨，迎面而至犹如一柄柄利刃
擦身而过的瞬间，残存的鲜血抛洒
在脸上，江南的雨天飘落几瓣杏花

2020-07-10

亲历者

亲历这人间一世，从生到死的单程旅途
看大风吹动云朵，温驯的绵羊内心忧悒
雨滴在羊群里酝酿着醉意，跌落至人间
在一个人的眼角变成金子。手指宽大的
缝隙，漏过泪，漏过雨水，也漏过星光
我看见人们抓起干燥的土块，抓起麦粒
那缓缓漏下的，在人间垒起小小的坟头
沉默是人间的盐，哪座坟头不在沉默里
生长出青草？草色青青，在春雨里起伏
在秋风里枯败。风声细细地梳理一根根
手指般的草茎。那受惑的野火越过林莽
终于点燃坟头的衰草。火焰里黑暗的心
是怎样跳动着，在一具具冷白的枯骨间

2020-07-13

告别者

摇动的水杉树梢，在雨水里闪烁
夏日湿漉漉的光芒。一只红胸脯的鸟
分开迷乱的雨滴，火焰突至
引燃午后昏沉沉的醉意

举杯，再举杯。酒杯里微小的凹陷
盛满透明的火焰，也盛满熄灭火焰的
一片悠远的湖。白云落影
红马涉水。黄河在此远上——

玉门关不远，内心孤城一片
城头浮现月亮和繁星，而酒杯倒入
一整条黄河的混浊和浮冰
黄河那边，羌笛回响一声接着一声

其实那只是街边的小贩走过，低低的
叫卖声，和雨水一起搬运着红红的荷花
无人可送别，亦无人来送别，他喝完这一杯就走
火焰只点燃自己，湖水只淹死自己

2020-07-13

关联者

夏天繁盛如斯，而我心中尽是衰败
水珠在花朵的刃口微颤，那微弱的闪光
让人想起远方的事物。此地和远方
会有怎样的关联？水珠摇摇欲坠
在世界的另一面，在完全相反的
风景，一个人行走在锋锐的山脊
水珠滚动，那人便一趔趄，坠落的
山石，引发一场有惊无险的地震
水珠坠落，那人便失足，一声呼喊
击中路过的鹰。消失是无声无息的
无处不在的危险里，生命辽阔且壮美
而此地平静、安全，只是一颗水珠
缓慢地滚动，坠落，容纳所有的幽微
容纳无声无息的生和死。还有更多水珠
更多滚动和坠落。远方亦有更多山脊
更多行人。我看见这些相关的无关的
都在这世界上发生，无缘无故地发生
我看见自己置身于奇迹和灾难之外
即将度过有惊无险、平淡无奇的一生

2020-07-21

命名者

为天上的一朵云，取名不知所云
为地上的一条河，取名信口开河
还要为每一个做过的梦，取名白日梦
让这世间万物，都在命名中确立

那照亮世界的名字，是我们思想的影子
我们的思想，是这初冬的一棵棵树
站在硝烟似的薄雾里，从早晨到黄昏
从光明的疆域，不断深入黑暗的国土

一片片叶子，带来营养，也滋生荫蔽
现在我们要剥落所有这些伪饰
用赤裸而自由的枝干，轻轻触碰
仿佛悄声告别，又仿佛正拥抱彼此

2020-11-22

搏斗者

巨人俯身。短粗的手指捉住一只蚂蚱
触须拨动细小日光，后腿涌动滚滚洪水
一只蚂蚱，原始的伟力经由纤末肢体
毫厘不差地导入巨人手指，猛地一跳
一只蚂蚱，从大地动的核心骤然弹起
那短暂的高度，上升至精神的虚空——
然而是徒劳的。巨人伸出另一根手指
如压顶之泰山，乌云携带阴影，雷霆
裹挟狂风。这一只蚂蚱，草芥般的身体
几欲迸溅青草的青，那蓬勃的脏腑
在狭窄的肚腹内搅动热带的大风暴
再度弹起，只稍微踢蹬，攀上手背
跃居手臂，拉拽眉毛，带锯齿的闪电
凌厉无匹，迅即无比，刺入软弱的
一片湖水——刹那间闭合的，是巨人的
一声惊叫，声音的另一端连接着一颗
颤动的心脏，然而血液猛地崛起如大潮水
置此绝地，巨人翻滚身体制造又一阵大地动
一只手扑过去，又一只手扑过去——
那两道小小的绿色闪电轮番挥斥——
无数的地动，无数的闪电，这永无止息的

搏斗啊，在一个又一个日夜静悄悄上演……

有时候，我觉得我是那巨人，生活

是那只蚂蚱；有时候，又恰恰相反

2021-04-17

独唱者

寂静的中心。缓慢而持久。从尘埃升起
从地底枯骨升起，从星球内部的熔岩升起
这些寂静之物萌生的幼芽，静静地生长
往上攀援犹如纯粹的光芒。更高，要更高——
然而仍然无声。在寂静的中心，黑暗
亦闪闪发光，发光之物都收敛起耀眼的毛刺
圆满地存在于万有之间：无限高远的天地
无限延展的星空，熠熠闪烁的野花
吐露芬芳的群星，都从寂静之中生长出
声音，温柔的、洁净的、孤独的声音啊
在窄小的身体内回响，那身体是宇宙的
容器，装进风声、雨声、草木摇落声
装进兽类的嘶吼、鱼类的唼喋，装进哭声
笑声，装进死亡在喉咙等待着的最后那一声
啊这无形的独唱者，站在一切寂静的中心
她的身体盛大光明地存在，内部回荡着
遥远恒星衰老的声音、近旁星系相融的声音
整个宇宙迅速膨胀又塌缩的声音——
回荡再回荡，我们短暂的命运再无法承受
这寂静的繁复，这寂静的喧嚣。这无可比拟的

寂静，升起又降落在窗外，是又一年的春天

2021-04-17

柿　子

在冬天，柿子树练习自省
遁入众多不落叶的树木中间
赤身裸体，细细的枝干轻脆
黝黑而曲折，于有限的空间
构筑起故事的无限起伏

所有的故事，等待在春天
试探着伸出小手掌似的绿，掌心
攥着小小的花朵——仿佛少女
等待的嘴唇。蜜蜂嗡嗡，在仰起的
少年脸上，投下晕眩的炸弹

等待总是漫长的。秋风一夜夜
吹过屋顶，扁圆的柿子等着
柿叶变大，变红，又纷纷落去
柿子在辗转的内心，练习苦涩
练习做一盏不会失火的灯笼

2021-05-06

大树十二章

一

黄昏是混沌的。月出东方，日落西方
温柔的、炽烈的光，照亮无限大的大地也照亮
无限小的小村，以及村里最古老的一棵树——
每一个村子，都有自己的一棵大榕树
自我记事起，就有这么一棵棵大榕树
守候在我到过的每一个村子，静默，朴实
根部粗壮且多褶皱，一个幽暗的洞穴
从木质深入土壤，藏着我们听不懂的秘密
和一些浮土、枯叶。前人留下的啤酒瓶
有蚂蚁进进出出，搬运着陈年的醉意
还有一些可疑的气味，灰白蛛网似的
在鼻子前缠绕，我们皱一皱眉头，又装作
若无其事——这是少年岁月里的平凡一日
我们为践行一个赌约，要在此度过一夜
我们深入大榕树，安排彼此单薄的身子
坐在潮湿的地上，土块和碎石是人间的
山脉起伏，而我们眼睛闪亮，是昏暗的
树洞里闪烁的星辰。身体和身体，心跳

和心跳，紧紧挨着、靠着。呼吸越来越粗重
从肺部涌出的流水，在昏暗中交汇为湖泊
光影闪烁，是一些可能的没说出的语言
此刻，黄昏正在到来，夕阳加速坠往山坳
从西山坡开始，加速收敛最后的辉光

二

这是奇异而孤独的时刻。我们看见自己
就要被暮色的大水淹没。那在远方淹没
庄稼的，也将淹没我们。远方的麦穗
高举沉重的头颅，鱼类浮在水面大口喘息
咀嚼一根根幻梦般的草芥，而我们在此地
不由自主地仰起脑袋，张大嘴巴，咻咻喘息

到处都是成熟的诱惑，死亡的暗影浮动
我们还不能够全然知悉，只能更静默
舌头抵着上颚，如野地里的红色小火苗
撑着天穹，徒劳地摇曳着，呼唤着什么
天穹低下头来，潮湿的云朵里有悲悯的泪水
这奇异而孤独的时刻，我们从未有过地亲近

身体和身体靠拢，分享彼此的体温和战栗
仿佛从未诞生，在大榕树黑暗的子宫——
子宫里的黑暗，孕育着大光明的闪电

子宫里的静默，孕育着大雷雨的喧嚣
而遥远的黑暗在静默地翻滚，波涛无穷无尽
且潮湿的土地，在身下传来幽深的寒意

三

我们在这无言的小小空间，从昏昧里
看见彼此的动摇，也看见彼此的坚韧
近处的树叶闪烁光斑，繁茂的草仍在
山坡生长，也有一些开始萌生在嘴角

是什么力量，催动我们身体里
幽邃广阔的宇宙，在时刻地运转
每一时刻，星球在那儿诞生也
在那儿陨灭——而外部的黄昏正在到来

远方的鸟雀，用它们轻薄的羽翅
从夕阳底下，驮回一小块一小块金子
镶嵌在叶片中间，大风吹动叶片
也吹动这些黄金，声音纯粹而澄澈

仿佛来自遥远的天庭，和我们隔着
大榕树几百年的高度——黄昏古老的光
终于唤醒我们，当我们如婴儿沉溺于
自我朦胧的思想，渐渐滑入睡眠的轨道

我们举起手，撑住树洞的顶部——
那儿刚经过烈火焚烧，据说是
比我们大好几岁的年轻人干的
是为了什么？那火如何在黑暗里蔓延？

如今余温尚存，暗黑的碎屑纷纷脱落
必须闭上眼睛，才能避开这些僵死的
火焰，而火焰的影子，如鱼群穿过眼睑
在眼球表面的温泉，凉暗暗地游弋

四

佛陀般端坐，双臂上举——是大榕树
在护佑我们还是，我们在撑起大榕树？
这昏昧而孤独的时刻，我们静静地
等待双腿生出根须，吱吱响着钻入泥土
和大榕树的根须紧紧缠绕，又放开彼此
再往深处，遇到石头、蚯蚓、沉睡的蝉蛹
——蝉蛹四年乃至十七年的大梦，凝结成
一粒黝黑的水珠，让所有路过的灵魂
饮鸩止渴：谁喝了，谁就醉生梦死
谁喝了，谁就大梦先觉，在黑暗的镜面
看见自己。红脑袋的蚂蚁匆匆爬过
一阵细小的瘙痒，让根须一阵颤抖

抖落自我的幻觉，抖落地面草叶上的
一粒沙子——我们的根须，要更往深处去
往那绝对幽暗的所在，探索力的源泉
没有生命，没有声音，只有反复压缩的
黑暗，比腹中的黑暗更黑暗的黑暗
我们的根须，轻轻碰触，用最后的战栗

五

泉水涌动。从最幽深、最浓稠的黑暗里
这上升的温柔，足以引燃最纤弱的根须
丝丝缕缕，身体里的脉络在鼓胀
无须细细分辨，亦能感知泉水里的
怒江、澜沧江，和更遥远的印度洋
江水的泥沙、大海的盐，涌入每一条
纤弱的根须。水声汩汩——似有幻象
一头斑斓猛虎从忧郁的森林走出
踱步至湖边饮水，舌头的火焰卷过
寂寂的水面，水中的黄昏在升腾
云朵的暗影凝固其中，每一口水都
吞进昏黄的光芒，也吞进云朵的柔软
忽然，几只鸟雀惊飞远去——猛虎抬头
望向湖面，两粒炭火似的眼睛
一粒落下太阳，一粒升起月亮
这来自世界尽头的光，让我们浑身一凛

地底黑暗的老虎，倏忽间从根须末梢
奔至眼前，进入我们的心跳。我们看见
那灿烂的老虎，在每个人的面孔闪现

六

落日寸寸咬紧。山头疼得嗷嗷叫唤
昂首反噬，血水流入大地，一缕缕染红
眼前的湖水。我们沉浸于猩红的叙事
那稍纵即逝的时刻，就要来临了——

我们端坐，而身体里的老虎惴惴不安
眼前的湖面，缓慢、持续地将光明
朝我们推动，而无尽黑暗紧随其后
光明的浪涌，黑暗的浪涌，有什么不同？

这一切涌动的力，来自那遥远西边的搏斗
我们置身东山脚，大榕树温暖的深处
我们等待着，光明一点点来至眼前
一点点升高，淹没膝盖、大腿、小腹

光明漫到哪儿，哪儿就被透彻，就寂静
我们清晰地看见，肚腹内的宇宙在运转
光明从未有过地弥散其间，附着于脏器的
青苔，被引燃，一块一块鲜明的火飞卷

从未有过的灼热、疼痛，和甜蜜，是这般
清晰而深刻。我们紧紧挨着、靠着，看见
彼此的脸，黄金锻造的面具上滚动着
一场场寂静的暴雨。更多浪涌迎面而来——

七

这是光明而严峻的时刻——
身体里焦躁的老虎、正在发育的宇宙
都安静下来了。我们微微摇晃，仿若枯草
灌注着轻盈的思想，和干燥的热情，仿若

一支支不点自燃的火把，从糖浆般浓稠的黑暗
凿出大榕树的内里：树洞的表面黑漆漆的
遍布大火焚烧的痕迹，仿若黑色的细雪
在火焰之后，落满大榕树的疼痛之地

不知是谁，用白粉笔、红粉笔和蓝粉笔
在雪中模拟万物的形象，用小心翼翼的
线条，描摹初升的太阳、月亮和星辰
那时候，山峦任性地起伏，江河莽撞地奔流

大多野兽，还没学会躲避人类，而人类
还没来得及发明语言，才刚刚认识石刃的锋利

才刚刚看见大火从天而降，照亮世界
也照亮幽昧的心里正在苏醒的欲望

黄昏已经到来——只短短一瞬
日光掠过，我们重新陷入黑暗
黑暗里眨一眨眼，看见遥远的祖先们
捡起火把，朝黑夜深处追去

野兽们惊恐的吼声，从处子般
美丽的原野传来。花朵撕碎
浆果迸裂，草木断折……祖先们的火把
熄灭了，我们重新坠入黑暗的深渊

八

这是黑暗的时刻！我们看见彼此
脸上的黄金面具熔融了，刚刚来过的光明
仿佛从未来过。黑暗的潮水仍在不断涌来
淹没树洞，淹没我们，仍在往上漫涨

佛陀般端坐，我们仍高举双臂撑起
树洞内低矮的天穹。再也没法呼吸
黑暗的潮水完全淹没我们，头顶的乱发
恰如野地里荒败的杂草，痉挛般舞动

在这黑暗而严峻的时刻，那不断上升的光明
召唤我们。每一根手指内的胚芽摇晃着
指甲盖的子叶，洞穿大榕树坚韧的木质
往上，再往上。这是奇异而孤独的时刻
是怎样的生长，在体内的宇宙里发生

须仔细听——那来自大地深处的泉水
经无数根须聚拢（身体里的老虎
亦蠢蠢欲动）。我们仰面朝天，看指尖的
光束一根根，在大榕树内部的河流里无限延伸

须仔细听——无限的生长正在寂静里发生
黑暗的潮水涨得越来越高，那指尖的光束
和大榕树的千百枝丫合而为一。穿过不断漫涨的
黑暗潮水，枝丫连同光束，几乎触碰到光明

只短短一瞬，日光收尽了
全部的夜色铁穹一般笼罩
天苍苍，野茫茫，到处是无尽的寂静
有什么声音在大地上萌动，须仔细听——

九

几声流浪狗的呜咽，来自渺茫的野地
几声婴儿啼哭，来自村子里昏黄的灯光

大地上的每一盏灯光，都在天上对应一颗
摇摇欲坠的星星。星星是清凉的果实
悬在我们看不见的枝头，等待着成熟
大风一吹，这些熠熠闪光的果实就落进
梦游人的梦里。人走到哪儿，星星的灯盏
就照耀到哪儿。而此时无风，大榕树的枝丫
轻轻地摇晃，仿佛那些星星就挂在枝头
——大榕树枝头的果实，是一些橙黄小果
将无数细密的花蕊藏在内部，就如夜空
将无数闪亮的星星藏在内部。大榕树的
枝丫轻轻摇晃，归巢的鸟轻声呢喃
鸟蛋在稳妥的巢里也跟着轻轻摇晃
鸟腹的温暖让每一只蛋都变得明亮
静静的，黑暗大地上，无数的光点
轻声细语——须仔细听，还有更多声音
怒江、澜沧江波浪翻涌，印度洋潮水跌宕
高黎贡起伏如一匹匹毛色鲜亮的野马

十

云朵是揉成一团的抹布，攥在谁的
手里？擦掉几颗星，又擦掉几颗星
哦，是风——风在暗夜里是看不见的
声音是风的信使，远道而来的声音
都在告诉我们：风，风！——

我们看不见野地里的草木剧烈摇动
看不见流浪狗钻进山洞，舔着伤口瑟瑟发抖
也看不见婴儿忽然止住哭声，睁大新鲜的眼睛
顶着一块颤抖的玻璃。我们只感受到风——

黑暗里持续奔涌的风，让我们和大榕树
俯仰在对方的俯仰里。反复折断又愈合
不知今夕何夕，不知此地何地
所有星光、灯火，俱已熄灭。只剩下风——

风！大榕树几欲连根拔去，能去哪儿呢？
到处是一样的风！更有雨水，忽然而至
忍耐是唯一的道路，道路是每一条枝干
大雨潇潇，黑暗里的雨水是看不见的

凉意是雨水的信使。不断漫涨的凉意
遮掩我们的脚掌，又鼓荡我们的胸口
停止呼救，嗓子眼已腾起喑哑的尘埃
我们默默忍耐着，如同忍耐自身的存在

十一

白云擦过天空，变成朵朵乌云
乌云落下雨水，天空更加明净

到处都是明净的镜子——
每一片树叶，每一处积水
就连湿答答的石头，都映出
远方的白云、青山和村落
也映出日光里新鲜的尘埃
每一粒都闪烁着静默的语言——
默默走在泥地的小黄狗
黑黑的鼻尖儿湿漉漉地闪光
低头嗅着什么，忽然抬起头
一道黑色的闪电掠过眼帘
一只黑羽毛的大鸟，喳喳叫唤
扑腾翅膀，但没能挡住小黄狗
饥肠辘辘的步子。这不过是一片
微不足道的破碎，浅黄的浆液
浸了雨水。小黄狗伸出红红的舌头
舔着这暴雨夜无意识的怜悯
黑色大鸟低低地飞来飞去
一道无力的闪电，一些慌乱的
雷声，什么也没能击中
小黄狗呜呜咽咽，狼吞虎咽
那些浅黄的浆液进入它的喉咙
如一片微暖的阳光进入，几乎
让它冰冷的肠肚温暖，几乎
让它空无的腹部鼓胀——
这是缓慢而持久的过程

喧嚣，又寂静。到处的镜子
都在见证着这一切，直到
小黄狗呜咽两声，转头遁入
一面镜子，又在另一面镜子
回过头来，看到黑色大鸟落在
那一片更加荒芜的破碎边
衔起一片，又衔起另一片
黄狗愧疚似的低下头，无声地
转入另一面镜子，再次钻出来的——

是一行红脑袋的蚂蚁，呼喊着口号
雄壮威猛，俨然一支远古的军队
蚂蚁们被无形的气息牵引
心无旁骛，径直行进到蛋壳内部
黑色大鸟发现时，为时已晚
它奋力地啄食，为时已晚
每一只蚂蚁，都是它嘴角的一粒
血珠子，但为时已晚
红脑袋的蚂蚁不绝如缕
皆是视死如归的战士——
它们甚至不知道死。死是麻木的
是遥远的。它们奔赴的，只是
眼面前的腥臊，这死亡的气息
只会让它们的奔赴无穷无尽
在这无穷无尽的奔赴面前

黑色大鸟是绝望的，喳喳叫唤
是无意义的，扑腾翅膀也是
无意义的。那些红脑袋的蚂蚁
既不躲避，也不退却，它们的
无穷无尽，也是无意义的——

这时，一个稚嫩的声音，打破
这无意义的循环。是婴儿的咿呀
还有少妇的独语："妞妞
你看那只鸟，它在做什么？
它可能在找小虫子吃哦
要找小虫子，回去喂她的宝宝哦……"
少妇走近，黑色大鸟飞上枝头
"咦?!"少妇轻呼一声
抬起头来，望向黑色大鸟
鸟儿站在一根闪动的细枝上
闪动的绿叶和光，簇拥着它
鸟儿无声，在无数明亮的镜子里
扭头梳理黑色的羽翼，每梳理一次
嘴角都沁出一粒鲜艳的血珠子
好一会儿，树上的母亲才转过头来
和树下的母亲，对视了一眼

十二

这是崭新的、尚未命名的时刻——
人们轻声交谈着在路上经过，推动
牲畜低沉的叫唤，滚上远处的山坡
没人看见我们。偶尔有人
朝树洞的黑暗里瞥一眼
又转过头去。没有人的目光
能穿透这一整夜黑暗的堆积
我们沉默着，直到地上的镜子
树叶和草叶的镜子、石头的镜子
全世界的镜子，将光聚拢在
我们身上，这静静的闪烁
是虚幻的，也是真实的
我们在真实里，收缩手中的光束
收缩脚掌的根须，一点一点地
重新成为自己。一点一点地
我们伸出虚幻的手掌
剥开面前真实的黑暗，就如石匠
用凿子从石头里，剥出佛陀
我们从虚幻的佛陀里走出的
是真实的肉身。我们沉默着
站在大榕树下，在簇新的世界里
我们如此蔽旧，身上仍黏着

一块块没抖落干净的夜色

在这最后的夜色里，我们梦游人一般

围着大榕树转圈，看见树洞后的那面

陈旧的石碑被雨水洗得洁净

几根鲜绿的断枝，遮覆拗口的碑文

碑文前的果盘，只剩两只干瘪的

水果，早已辨不出它们的名字——

这无名的状态，正如现在的我们

是无名的我们，供奉在石碑前

——有那么一瞬间，我们这么想

也可能，从未这么想。而一个声音

从祭坛上唤回我们——我们当中

最年轻的那个，不知何时又一次

攀上大榕树梢，缥缈的光形如大海

涌荡在他四周，他是一艘白色小舟

被大风鼓动着帆。一只空荡荡的

鸟窝生长在他的头顶，他低头

朝我们喊："快上来呀！我看见

太阳了！"声音从明亮的大雾里传来

我们望向他，望见他的头顶

正孵化着一窝星星——而彼时

树上的我，已近乎消失在湿漉漉的

黑色枝条和繁密绿叶间。我望见

大树底下，一个个年幼而陌生的太阳

虚幻而短暂地闪烁，迅速离我远去

2021-05-15

牲　口

它们和我们同在。它们在低矮的棚屋
咀嚼一根吞吃过露珠的枯草，持续的嚼磨声
让还挂在田野里的露珠浑身颤抖
这是一天刚开始的时候，我们洗脸，刷牙，大声说话
吃饭，吵架，偶尔哭泣，偶尔一言不发
为一个梦的含义踌躇不定
我们下意识地走到棚屋边，看它们仍陷在黑暗里
一动不动。只看见它们厚厚的湿润的嘴唇
持续发出嚼磨声，声音犹如还未消失的梦
在棚屋里均匀地弥散。几缕新鲜的日光
从棚顶漏下，流动着河水的明艳
洗濯它们朴素的脸——眼睑忽忽闪动
拨动我们的内心。我们靠得更近一些
手放在栅栏上，不小心被一根灰暗的木刺扎痛
我们装作若无其事，看它们轻轻地走动
发酵过的干草气息腾起
猛烈袭击我们，如迟来的昨夜的醉意

2021-05-15

燕　子

闪电暗黑的启示。尾羽剪开

初夏的弧线，从屋檐往野地里抛掷

牵引我的目光——

我坐在枇杷树的枝丫，追随一只燕子

越过鲫鱼鳞片般的黑色屋瓦（我们把瓦松

叫作小麻龙花，花朵是一盏盏橘色的小灯笼

总让人想起什么，怦然心动）

看到田野里仍是静的，唯独一个年轻的女人

不知为什么在田埂上走，不知为什么

停住脚步，又不知为什么呆看远方

远方一朵低矮的灰云。在她身边

万物都在延伸，盲目的光芒

令人晕眩，而她是一切晕眩的中心

这一刻仿佛永恒，野花是迷人的

庄稼是粗手笨脚的老实样，虫蚁的翅膀

被轻薄的露水打湿，沉重的肉身

不足以供养春天的饥饿

在这一切的静止里

一只燕子飞来飞去，尖锐的鸣叫

击中虫蚁的翅膀，无声地烧灼一朵野花

年轻的女人醒过来似的，又在两侧的庄稼地间走

万物都在这一刻，加速各自的衰朽

2021-05-16

夏 晓

春眠不觉晓，醒来后
是夏天了。孟浩然窗外的鸟群
飞走了。但现在的每一声鸟啼
仍和唐朝的合辙押韵
仍然有风雨声，响亮
在昨夜。唐朝的春天和花
都落尽了，现在只落下许多香樟叶子
捡起其中一片，看到鲜红的
脉络中间，有小小的虫洞
同样的香樟叶也落在唐朝
也落在孟浩然的窗外，他捡起
人类几千年来全宇宙落下的亿万香樟叶
其中的一片，看到鲜红的
脉络中间，有小小的
虫洞，一粒鸟啼从虫洞
穿过去了。他凝望着那一声青翠的鸟啼
远远地飞落在我窗外，而忘了
把手中的叶子，压进一句诗里

2021-05-16

采桑子

我们和桑树之间，隔着一片雨声
雨声里夹杂着几声布谷的啼鸣
像是幽暗的灶房里，用火镰打着火花
红红的一朵，两朵。潮湿的叹息是点不着的

小书桌上的小簸箕里，十多只蚕持续
模拟雨声。沙沙沙，均匀而明亮
持续不断从乌云漏下，也持续不断
从蚕和桑叶间漏下——桑叶所剩无几了
蚕的腹足行走在饥饿的边缘

我们等着天晴，等着到村外探访
几株老桑树。那是村里寂寞的角落
再没别人养蚕，只有我们踮起脚尖
从纤瘦的枝条上，摘取这绿意丰盈的粮食
一叶一叶，泛着淡淡的水光

在那一刻，我们仰着头的样子
与蚕何等相似。我们也在不断攫取自己的粮食
且不断行走在饥饿的边缘。沙沙沙
我们听到雨声落在体内的草地

与蚕何等相似。终有一日
我们也会把自己装进自己作的茧里
沙沙沙沙——遥远的雨声，洗濯一粒
酸涩的嫣红桑葚

2021-05-16

过　程

从雨水里看见火，从木柴里看见
一整夜的大风雪。从半明半暗的清晨
独自醒来后，一个人走在长路上
看见这路和世界上所有的路一样
是熟悉，而又陌生的。路上有惊慌
有一只迷途的小狗，小旋风似的
擦过裤腿，低低地吠叫着跑过
没人搭理的薄雾，迟缓地漫过
稻穗日益显露的黄金。稻叶表面的
芒刺被温柔地包裹，叶尖刺中
薄雾的呓语——呼喊和回应，总在
彼此错过。迟缓地，团团薄雾流入
低洼处。仿佛永恒的水。此刻的
永恒也一样在你身上。你走在
孤独的长路上。孤独让你具有
洞察脏腑的神力，你盯着胸口
让那儿生长出一片寂静的草场
承受着遥远的细雨和滚石，或者
生长出一湾寂静的湖泊。水面
波动，深处有什么涌起，浮至眼前——
是几根雪白的胡须，自然地弯曲着

像某种难以确切的修辞。世间的
苍老是不可避免的。昨夜梦里的你
还年轻着，能轻松跃过一道土坎
但现实里你必须小心着随时可能
出现的凹陷和凸起。这大地上
的路，从来不是平整的，但你
仍然没能习惯——你动作迟缓地
模仿着薄雾，或者被薄雾模仿？
这么想的时候，你感觉不是一个人
走在路上，而是一个人在路上弥散
一个人成为无所不在的物质，成为
一种气息，一种声音，或者一种
光——日光的浮现，是忽然的
你看见自己的胡须，从日光里
汲取能量，恢复亮黑色的过往
你并不为此惊讶，只整一整衣襟
好让自己甩开老年的薄雾，进入
一场中年的细雨。到处的光芒
在无形的雨点里闪烁，无声地淹没
你内心的草场，而你小心避开
那些沉默的石头（石头内部的闪电
时刻让你警醒）。你迈着沉毅的步子
一个人走得笃定而自在。不必
寻求同伴，也能从四周的风景里
持续得到抚慰。你深知长路上的

行走，是不断挺进内心的过程
露水来打湿你，骤风来吹动你
乌云的部队，直冲进你的内心
雷声更让你的脑袋里充斥着
巨大的噪音（铁锤和铁砧从铁里
收集繁密的火花）。你只是往前
在这一切流逝的事物里，太阳
近乎静止，如一颗旋转的螺丝拧紧
在你的头顶。稻叶切割着过于耀眼的
光芒，稻穗内部灌满青涩的流水
尖锐和柔软，在你的内心交替
你看到村子了，新房渐渐老成旧屋
这世界在缓慢地建立，也在不可
避免地摧毁。一只暴躁的公鸡跳上
颓圮的墙头，每一根翎毛挑动着
钢蓝色的力量。一只黑猫藏身废墟
朝你扭过头来，眼里小小的火苗
仿佛要焚毁什么。你莫名地羞愧
转过脸去，看到一头水牛，把鼻孔
挤出木栅栏，舌头的粉红卷动着
油菜花和小麦穗拼成的明亮春天
白蛱蝶在幽深处眨眼，眨一下就有
一股小风吹来，吹去你身上一些
陈旧的年月，它们飘飘荡荡远去
落在你少年的田野。有人站在田间

一声一声唤你。你仔细听着，从
无数的名字里确认这属于自己的
三个音节——你终于答应了一声
而那呼唤，那人，忽地又消隐了
你只看见茫茫无尽的田野，那属于
你的独特音节，浪花似的渺无影踪
只风掀起绿色的浪，一波一波涌来
你驻足片刻，更深入地走进村子
房屋和院子，道路和花木，人面和
口音，都是旧时相识。但你已知
这一切的虚幻。不可触及，只一根
手指，即可让一切坚牢崩碎为齑粉……
你避让着微驼着背迎面而来的爷爷
一条缰绳牵在他手里，一匹老马跟在
他身后。你避让着斜刺里跑出的小孩
他仍是四五岁模样，那被潭水浸泡得
发白的脸，隐约有了一层红晕。你想
伸出手去拥抱他，而他早已跑进
竹林深处。那竹林深处走出的少年
用他的独眼看了你一眼，又走远了
一股农药的臭味从他身上播撒开
你再往前走，看到刚过七十的奶奶
背着小篮子、提着小锄头，正从山中
归来。你踮起脚看，篮子里的草药
睁着天真的淡蓝眼睛。你还得避让

挑着干松毛下山的年轻父母，他们
随手挥出一滴汗水，流星一般落在
你的脸上，些微的灼热和凉意穿透
时间的厚障壁。你看见自己童稚的脸
落在一片黄浊的泥水中。几只水黾
从水面迅速爬过，浅浅凹陷的痕迹
被一朵白云轻轻拭去。一根松针落下
细长的绿意刺破水面的虚实之隔——
你赤脚蹚过这一汪小小的海，登临
彼岸时，你看到暖热鲜红的裸土上
印着湿漉漉的脚印。左一只，右
一只，你低头看着自己的脚印往前
走——两侧的松树、高高的云朵，都
在低头看着你往前走。左一只右一只
春燕似的脚印在身后低低地追着你飞
而你把自己想象成一匹疾驰的马驹
你看着自己每走一步都是一个奇迹
看着无数奇迹，在这世间不断涌现
不断消失，惊讶和懊悔交替于内心
直到你让自己躺下，置身一片幼嫩的
草地上，置身两座古老的坟茔间
新生的和逝去的，在你周身窃窃私语
告诉你什么你转瞬就遗忘。你只记得
那易朽的人间，就在远眺的视野里
当你仰起脸，一小片不朽的云过来

朝你初生的眼里，洒落黄昏的雨滴

2021-06-13

野象北上

我看见它们的脸。我看见手机屏幕上
它们灰黑的、多皱纹的脸。在这一张张
无比具体的脸上，我几乎能看见云南的
山河、风雨，以及生长于山河之上的
被风雨养育也被风雨鞭笞的葳蕤草木
我还看见它们走过的一条条街道，街上
临时的空旷，让它们误以为进入自由之地
它们登门入户，喝水，喝酒，在醉酒后
忘乎所以地撒欢，忘记自己是一头野象
忘记自己的故土，也忘记自己的目的地
我看见它们不断北上，来自北方的风雨
不断吹拂到它们脸上，激射到它们脸上
它们不为所动。一堆忽然出现的青玉米
一条忽然暴涨的河，一堵忽然出现的卡车
砌成的高墙，都不能动摇它们北上的决心
我想象过它们终于走进昆明，站在滇池边
海鸥都飞走了，只留下一整面过于空荡的
镜子，让它们面对——镜子里它们的脸
被恍如虚幻的湖水洗净，被偶然飘来的
白云擦干。我想象着它们面对这浩瀚湖水
会想些什么，说些什么，或许只是把身子

轻轻靠在彼此身上，或许只是朝湖水抬起
一条粗壮的前腿，又轻轻放下？——我看见
它们望着落日融进湖水的内心，仿佛望着
祖先的面孔无可挽回地消失——但我的想象
是错的。野象们没来得及看一眼滇池，已经
转往南方了。正如不知道它们为何北上，也
没人知道它们为何南下。行走似乎是它们的
全部目的。最新的消息是一张深夜里的照片
暴雨刚刚来过，山坡上它们挤挨着躺在一起
这样放松的睡姿，在野象们是难得的
这样宁静的夜晚，在地球上是难得的
我躺在床上，想象着自己走过漫漫长路
进入一头失眠的小象，渐渐与它合而为一
我看见满天星斗正朝我倾泻，身边的杂草
挂着新鲜的雨滴。我看见亲人们庞大的身躯
微微起伏，只要我稍稍用力，就能伸出鼻子
去碰一碰它们的脸。但我忍住了，我只是
扇一扇耳朵，赶走一只萤火虫，顺便蒙住
眼睛，好挡住正从山林深处赶来的黎明

2021-06-14

第二辑

昨日诗选

去大地的路上①

我想你走在路上，风不大
也不小。云毫无预兆飘来
又毫无预兆……
我想你走在山坡上
山坡上有什么呢？
几只大地一样颜色的野兔立起身子

春天说来就来了
冬天还在我们身体里藏着
我想你走在村子里
是谁家的村子？有没有一扇门
为你洞开？所有紧闭的门后
都埋伏着一只巨大的秘密

我想你走在梦里。甜蜜的
柔情的、虚空的、黑暗的、浓稠的
梦里。我想你走在
时间和时间的罅隙里

---

① 云南施甸有一个小山村，名唤"大地村"。

过隙的不止白驹

还有牛羊，还有归鸟

还有所有卑微俗常却又惊心动魄的

生命。我想你走在

一则看不见的危险的谜语里

谜底是你背过身去，还是

云转过身来？

2019-12-02

大风

大风起兮。山谷后的云
惊慌失措……想象里携手到高处
高处未必不胜寒，高处的太阳
此刻正好。照在你身上
照在我身上。也照在低俯的草地上
青草柔嫩，是刚出壳的嫩黄鸡雏
小小的喙一下一下啄着你的手心呢
你说太阳照着的时候，是闭上眼呢
还是睁眼看远方？
远方其实不远。远方的坝子
就在我们脚下闪亮。闪亮的无数屋顶
无数人流。各自存想各自的故事
各自怀揣各自的故事
停在匆匆忙忙的春风里
或走在匆匆忙忙的秋风里
而我们只是坐着。此刻太阳正好
世界上的话都是多余的

2019-12-03

水　仙

水仙是从海边来的
（想起邮递员的绿衣裳）
海里有多少水啊？浮槎渡海
归来多少人？一个人独往蓬莱成仙
是容易的。一个人在夜里喃喃自语
是容易的。一个人走在山影里
一个人让纷乱的日子
聚拢于一间朝阳的屋子
也是容易的。初见水仙的女子
剥落旧年的泥土，让水仙在玻璃浅盏里
迎着暖风和冬日生长
也是容易的吧。不容易的是什么呢？
一个人浮槎渡海，从深夜逆流
而，上——站在那日午间的幽谷里抬头
会不会看见深渊一般静寂的海

2019-12-03

冬　天

冬天适合做梦。适合早上醒来让侧脸
被太阳照亮。适合走出门去
在蜡梅树影里站立。忽然忘记一句话
还是忽然想起一句话？
那年失踪的人，何时归来？
那年错过的，还在错过么？
蜡梅香，是一枚明信片
不期而然到来。美好的人间
在冬天里会更加美好。冬天的梦
在异乡人的灯光下
通体透亮。在此间的呼吸声里伸展
莲藕的脚趾，春风的腰肢

2019-12-04

桥

桥下有光。就在木板缝隙间
就在桥面和江水之间
桥下有水。水声浑浊
拍打耳膜，也拍打两岸的
青山和历史。那桥上有什么呢？
一些菌类，说不出名字
一些昆虫，说不出名字——
它们的一生，走不远
也走不久，但它们仍然走着走着
还有一些植物，纤弱的枝丫
面朝水面摇动自己的影子
说不出名字的，还有很多
你从桥的这端走到那端
你从桥的那端走回这端
桥上就有了你，和你的名字

2019-12-05

沙　漠

沙漠里有什么呢？沙子和沙子和

沙子……沙子是数不清的

很多事也说不清

沙漠里黑亮的小虫子

爬出一串串清晰的脚印

从这儿到那儿

从那儿到这儿

没有一条道路是笔直的

沙漠里的高山，沙漠里的大河

都是虚构的。黑亮的小虫子绕过

虚构的山川，是为了什么？

一个人从沙漠归来

要绕过多少路

才能翻越虚构的山川

走到另一个人面前

2019-12-05

火

深山里的火苗，是为映红你的脸
是为裁剪你的影子贴墙上——
影子在它自己的生命里
呼——吸——
你毫无察觉的心跳和脉搏
隐藏其间。远方的呼应
是深山的风吹过松树梢
——松林深处有无人的古寺
吹过山坡上不眠的牛羊
深山里的风吹过
星光，也吹过月光
是为来到火塘边，吹动你的
一缕头发。你转过脸
影子在墙上动了一动
在它自己的生命里

2019-12-05

牛　羊

牛羊在野。牛羊在道路中间
夜色从四周的山坡呼啸而至
野兽的梦呓，鸟的啁啾，风的低鸣
从四周围拢。牛羊们的眼睛蓄满泪水
是深陷于怎样的梦境呢？牛羊们
挤挨着，沉默着，嘴唇嚅动着
蹄声是熟透的果实扑落
纷纷滚到你的面前
该视若无睹，抑或俯身捡拾？
离得更近了，每一张面孔
都鲜活得如同旧识，鲜活得如同
父亲临终时的面容。牛羊们——
眼里为何蓄满泪水？
它们沉默着，嘴唇嚅动着
让开一条路。一条大路向前
夜色在路的两边缓慢退却

2019-12-06

大　雪

我梦见下雪，在从没下过雪的
云南的大院子里。奶奶，我梦见
你在大院子里一个人说话，做事
时间排好长队，等着从你的生命里经过
你刚仰起头张望何处才是尽头
雪就落下来了。雪落在
大院子里，落在你的荒芜的时间里
也落在我的屋子里
（梦里的屋子没有顶么？）
单人床、椅子、书架、早已忘却的玩具火车
落满了雪。泡沫一般堆积的雪
迷雾一般流淌的雪
雪如盐粒，是咸的，苦的
走出屋子，我随你仰起头张望
漫天的雪真大啊，奶奶
我们都望不到尽头啊，奶奶
雪落在你的也落在我的眼底

2019-12-06

九　月

九月总有什么事发生。九月是一枚
果实隐藏在枝叶间等着
我们去遇见。九月是红色的旗帜
在山林间招展，谁不会望向它呢？
九月在一棵棵松树的肚腹里画圈
九月从云端眺望山峦，也眺望坝子
九月河流蜿蜒，河水闪烁银光
流淌到十月，流淌到十一月、十二月……
九月在山坳里开出大片毛茛
黄色小花里藏着草蜢的秘密
草蜢弹跳而起，九月就远了
九月在飞机上，在热带的黄昏里
九月辗转反侧，在虚实之间
九月只不过是轻飘飘一句话
随月光落在你的枕边
沉睡的人，是这世界上最美的

2019-12-07

外　婆

我还是会想起你，阿婆
想起你坐在院子里，太阳在头顶旋转
花盆里的米兰、素馨花，个个将影子
探到你身边。你坐着，高大的身子折叠
在一只小板凳上。我还是会想起你
眯眼看我进门。阿婆——
你认出我了吗？你笑一笑
你认不出我了。太阳走向下坡路
更多的影子伸到你身上
这些沉静的、冰凉的小爪子啊
你会和它们说说你做女儿时
摔坏灯笼的故事么？你对我说过的
细节我忘记了。我总是忘记很多事
你忘记得更多。我们能记住的是什么呢？
你不记得我了，不记得了阿婆
更多的影子，更多。你高大的身子折叠
在影子里。影子是什么？
那么多影子，遮住大地也遮住白天
太阳走着下坡路。你眯眼笑一笑
是忽然想起什么了吗？阿婆
你打开折叠的身子，穿过满院影子

背对我走出门去，从此再没归来

2019-12-07

外 公

火焰在野地星散，四处有影子
影子之间没有语言，唯用夜色沟通
夜色里一声声狗吠，一声声
传递着人世间的消息
许多年前，也是这样的夜晚
我躺在小床上听楼下木门吱呀
有人进，有人出。干草束一样轻的外公
躺在堂屋中间。我是睡去
还是最好醒着？我看到自己下楼
光脚走近堂屋，黑衣人挑着箩筐往外走
箩筐里有什么呢？我追上去看
在窄巷的入口，我看到满筐晃动的光
一根根白骨，洁净，匀称，轻……
悚然睁眼，土坯墙上月光明晃晃
夜色里一声声狗吠
楼下人进人出，虚空里忽然迸发出
一声哭喊，在这陌生的人世间

2019-12-08

咳　嗽

胸腔里什么时候住进一匹野马
奋蹄，嘶鸣，在白天和黑夜
也在黄昏的黄和黎明的明里
一匹野马拘囿于一个人所有的
劳作和情感：看他在书房坐下
看他喝水或偶尔走到阳台
四处看看再回来；看他思念或发呆
看他想起什么又忘记。一匹野马
偶尔小憩，观察栅栏外的一切
栅栏二十四根，二十四条暗斑
勒在它身上。它会不会想起非洲大草原上
正低头吃草的远房亲戚？
野马，自有节律，从一根肋骨
跃向另一根肋骨，肋骨之上
百草生长。它不明白寒冬早已撼动时间
这儿何以萋萋如许。层层升高
直至喉咙，坐井观天的野马，看见天
朝自己俯身，上苍的脸晃荡着红色的
巨大器官。它多想蹦起，一把揪住
霹雳一声，一匹野马夺口而出
消失在弥天大雾里。而他于困倦中

短暂入梦，梦里徘徊着一头狮子

2019-12-09

野樱花

野樱花开的时候，冬天来了
漫山遍野啊，粉团锦簇哟
这些最平常的词抽枝发芽，开出冬天的
野樱花，野樱花，野樱花
秋霜变宽，冬风光明浩荡
你从野樱花树下路过，会作片刻的
停留么？抬头看的时候，野樱花映红
贝壳一样的牙齿。低头的时候
野樱花低垂，凉薄的花瓣投影
在你身上。阴影里闪烁的光斑
也在你身上。你皱眉时想起了什么？
落英缤纷啊，化作春泥哟
这些最平常的词在冬天收束手脚
屈身进入春天——在你离开后
野樱花，一些开着更多的谢着

2019-12-10

大　海

大海一直在那儿。波涛、闪电和风暴
一直在那儿。大大小小的鱼类兽类藻类
也在那儿。大海太大了
大到谁也没法忽略大海在那儿
大海日日喧响在日光里月光里
沉睡在我们的血液里和梦境里
大海太大了，大到我们谁也没见过
真正的大海。我们只见过海水
蓝色或黄色或黑色，一次次涌上来
没过脚面，又一次次退回去
大海一直在那儿，从不逾雷池半步
大海驯良如此，我们驯良如此
但太大的大海一直在我们身体里
波涛、闪电和风暴，一直在那儿

2019-12-11

乌桕树

一棵乌桕树在桥的这边

一棵乌桕树在桥的那边

两棵乌桕树在桥的两边

一棵在阳光里，一棵在阴影里

相距一段流水和一小截冬天

乌桕树，一棵脱落叶片

嶙峋瘦骨，梳理天空的蓝

一棵叶子红艳

(想起你害羞时，脸颊也是这般)

无数小火苗，点燃路过的薄雾

无数高举的小手掌

是想拽住路过的行人么?

乌桕树，一棵在我走过的路边

一棵在你走过的路边

2019-12-14

梦 中

一只黑色的蝴蝶，圆形的巨大翅膀扇动
湿漉漉的草地上闪烁幽暗的光芒
沉静又惊慌，这纯净的光是多么稀有
一个人如圆规一样舞动的幽暗的
蝴蝶一只。湿漉漉草地上幽暗光芒
我想让你看看这易逝的奇迹
哪怕我知道这是在梦中我想让你看看——
为什么没消逝呢？这幽暗的奇迹
始终在原地转圈儿。我走进湿漉漉草地
一棵姜花倒伏，白色花蕊连接
黑色蝴蝶的尾部。湿漉漉的幽暗
是开在一团白光的姜花顶端
在湿漉漉的草地，在梦中我知道这是
我想让你看看，这奇迹之光闪现

2019-12-15

风吹山

夜来风吹山

小路如一根绳索摇摆

路面遍结寒霜

车灯里两条银白向前

延伸如同月光

然而月亮没来

星星也没来

黑黢黢的大山

是巨兽的肚腹

松林呜咽饥饿的声音

小路摇摆如绳索

车行小路上，你摇摆

在远方人的心上

2019-12-15

群 山

群山是大地突兀的良心
是落日和星座的隐居之所
群山是奔跑的巨兽，从远古来至
现代人的视野。我们已经辨认不出
这些史前巨兽的坚硬脊梁
群山在我们脚下，沉默着，喘息着
我们的渺小是我们不知道的
是为了什么，我们在群山里
忽然停下脚步，屏住呼吸

2019-12-16

瓷　杯

一只小小的瓷杯在你手中
无色瓷釉里幽蓝松枝荫蔽
两位古人相向而坐，对弈千年
棋局无解，如同人世间的
所有相遇和全部错过
古人会一直这么坐着
直到这小小的瓷杯在天地间化为乌有
在此之前，瓷杯在你手中转动
如车轴，如钟面。你转动的何尝不是
一种叫作命运的东西？
倾泻自你头顶的灯光
照在古人虚构的脸上
也照在你现实的脸上
此时此刻，我们就这样相距千里坐着
直到这小小的瓷杯在你手中
停止转动。你起身出门
今晚星星稀少，圆月朗照着
人世间一条灰白的大路

2019-12-17

歌　声

筑城的人死了，城墙还在
修路的人死了，道路还在
唱歌的人死了，歌声还在吗
到电流的吱啦声里去听
到茫茫虚空里去听
到黑暗的梦里去听吧
唱歌的人死了，歌声漂泊
如一截河中枯木，经山越岭
会被偶然来到河边的谁偶然遇到呢？
捡起歌声如捡起隐秘往事
看一眼又随手扔进水里

2019-12-18

身　体

你的身体是一个秘境

一团白光在我最幽深的梦里苏醒

猫一般伸出柔软的小脚趾

冰凉的，温暖的，羞怯而

令人心胆战栗的触碰啊

一只猫在冬天里想象春天

春天不在季节里

而在抽芽的水仙里

在恣意的野樱花里

偶然的一片暖风，不经意的一句话

足以制造一场风暴

（在我们不知晓的遥遥海面

帆船在风暴眼里苦苦挣扎）

春天是在你的身体里

陌生而又熟悉的山峦和沟壑

在春天里泉水涌流

万物生长出秘境般的身体

2019-12-18

日　子

日子在院里绷紧的尼龙绳上
晾晒。滴滴答答，耐心地敲击地面
一滴一滴干了，了无痕迹
日子在随风飘动的旧衣服上
浮动。渐渐冰凉的是光
以及一个人的手和脚
风渐渐远了，衣服垂落如一个人
忽然陷入沉默。日子是沉默里
一个人忽然想起什么
走到院门口，看陌生的人来来往往
一只小黑狗走过来嗅一嗅
转身跑进不远处的油菜花地
油菜花灿烂，三五燕子飞近又飞远
什么都没想起。一个人重新
走进院子。一个人重新
闭上眼睛。一个人重新
睁开眼睛的时候满含热泪

2019-12-20

街　头

红灯亮着，街上车来车往
我站在街这边望向你——
你并没在街那边。我望着
红灯亮着。街上车来车往

我望着你站在这世界上
哪一条街的那边？你望向我——
我并没站在街的这边。你望着
红灯亮着。街上车来车往

起风了，树枝在风中低俯
我们隔着多少条街？
红灯暗了，人们从街对面走过来
我从街这边走过去

起风了，人来人往在街上
你走过来，我走过去
我们走在不一样的街上
起风了，我们走在这世界上

2019-12-20

人间过往

水是云的过往
云是雨的过往
雨是一条河的过往
河是一片海的过往

在一张张老照片里
你的过往在脸上定格
生涩的、倾慕的、温暖的笑
压进时间之书的册页间

一个人经过天上的云
淋过世间的雨
走过山中的河
今日从海边归来
和你的过往偶然相遇

2019-12-25

你的名字

喊你的名字，面对一条大河
你的名字如一场细雪，落在河面
冬日南方的河水，沉静里堆积细密的
波纹——镜面上细密的皱纹是谁的？

喊你的名字，在无人的河边
河水无声地接纳一切，包括夜色
包括岸边踯躅的脚步声
你的名字，在所有声音里孤立如鹤

一个人面对一去不返的河水
河水回复以无边寂静和灯光
灯光迢遥，落在水底——喊你的名字
在昨夜梦里，你只听见一声鸟啼

2019-12-28

蜡　梅

清水，瓷瓶，一枝蜡梅半开

香气萦绕如偶然来访的记忆

雪意和天气有异往年

冰面有裂纹，沿阶草间有积雪

念及故乡，山茶花红唇冷艳

远道而来的海鸥贴湖面飞掠，白羽沾水

影子在破碎和圆融之间

这些日子多么朴素而美好

太阳贴紧窗玻璃，薄薄的糖片

越舔越薄。太阳旋转如一粒

纽扣，挡住世间的风尘

也遮掩内心的峡谷

寒风从峡谷吹来，在此吹落

一瓣、两瓣、三瓣……蜡梅

一枝在故乡，一枝在瓷瓶中

清水洗净旧年的倦怠。新年的消息

在来年春风疾驰的蹄声里

2019-12-31

独　坐

此刻恒久
雪色一般的灯光底
一个人醒着，也就是所有人醒着
一个人活着，也就是所有人活着

众人狂欢，飞奔
一个人独坐，此刻灯光铺满宽阔的古老纸面
遥远的北方原野，野草枯萎，巨木萧疏
每一条道路，都已遮没于大风雪

2019-12-31

如你所见

如你所见，这人世间有光，有阴影
风卷动荒野草木，雨滴落屋檐
闪电烧伤一株古柏，惊雷吓醒一个孩子
如你所见，万物在生长，也在损毁

平坦大地上，高山危立，河流蜿蜒
河流一生流动，高山一生高耸——
所谓的一生只是我们的一生
也许某一天，河流高耸，高山流动

如你所见，恒久之物唯大地和星辰
然而星辰亦有陨落，大地亦有裂痕
然而我们的一生更短暂如草木
无限的匆匆，被风卷动又被雨滴落

无尽光芒里漂泊，尘埃和尘埃擦肩
野马驰过一座山冈，与另一匹野马相逢
如你所见，人世间的爱恋多么偶然
偶然里紧紧相拥，是我们短暂的一生

2020-01-02

春　日

春日和暖，午后走过一座废园
菜畦，沟渠，旧屋，光明里闲置着
杏树，李树，桃树，白的红的花瓣
有的零落在地，有的缀满枝头

全世界的蜜蜂麇集，嗡嗡声一圈
一圈一圈朝虚寂的湖面轰炸
只是伫立，只是静观，我没推门而入
柴扉朽腐，一条荒径长久等待着

只是伫立，只是静观，我害怕
脚步声如惊雷，在这春光里惊醒
一只鸟的睡梦。是一只戴胜
在繁密春光里拨动肉体的琴弦

无迹可寻唉。鸟声一圈一圈
一圈圈在虚寂的湖面爆炸
忽然弹起，一枝桃花红红地晃动
春光沉沉，托举轻暖的羽翼

2020-01-02

思 念

我说黑色，你蒙住我的眼
我说红色，你吻住我的嘴
不看，也不呼吸，我只活在
你的温度里。冷的热的，山河高低起伏
起伏如风浪。在我们遥远又切近的
拥抱里，万物生长又枯萎
星光和月亮，太阳和虹霓
是怎样恒久地塑造这广袤的大地
塑造出你我，一个人和一个人
是怎样短暂地在大地上活着
相遇，相爱，在彼此身体里成为自己
你说黑色，我想到你的眼
你说红色，我想到你的心

2020-01-11

昨夜骤雨

入睡之前，雨一直落着。雨声密集
落在树梢、草地、屋顶，也落在河面
河面开出多少早夭的花朵，突突突突——
一条铁驳船吞咽沙石后深入梦境
平滑的一切正导向不可知的深渊
雨一直落着。雨声没有缝隙，浓酽如烈酒
醉过你，更醉过我。忧伤忽然就
不可抑止了。夜里的哭声只有你听见
四面八方的雨声温柔得像你轻抚
每一滴眼泪里都蓄积着一场暴雨
雨声缝补宇宙的孔洞，仿佛一切完好如初
今早醒来，看晚樱底下落英纷纷
没有人走过，一只鸟从树梢飞起
翅膀是红色的，如火焰烧穿春天的迷宫

2020-03-22

风中鸟

风中不见鸟。鸟鸣是一粒粒火星儿
从云端散落，点燃山峦和草坡
这古老的春天，又在燃烧它自己
纷纷烧进我们眼底，疼痛如此绚丽
洞穿骨头和梦境。我们的短暂之躯
又一次游弋于无边大地，承受炙烤
和雷声、闪电结伴，走进欲望的废墟
风大起来了，卷动全身的旧疤和鲜血
无边的风景啊，没有哪句话能够描述
这浩大的靡费。灾难和美都会重来
从历史深处流传至今的故事交织着
陈俗的剧情，而我们仍然为之沉迷
喜剧和悲剧总是同时上演，同时谢幕
深陷其中的又何止我们？天地万物
无不表情迷幻，一次次甘愿交付生死……
春风摧枯拉朽，吹落一粒一粒火星儿
掘开大地黝黑的肌体，深深埋入
且待来年，从肥沃的血肉里抽出枝芽

2020-03-23

逝　者

春天从未如此繁茂，如此辽阔
桃根伸展，在自己的黑暗里
桃树盛开，在自己的花朵里
桃花粉红，在自己的颜色里
风雷电雨偶尔来拜访，鸟和松鼠偶然路过
柔软的喙刺入血脉，尾巴竖起如一柄毒蘑菇：
一片花瓣，比风更轻，比雨更重
在风雨里描绘独一无二的轨迹
过去没存在过，今后也不会存在
一片花瓣，陨落在自己匆促的时间里
有谁会在意呢？春天仍旧辽阔且繁茂
在这个春天，陨落的远不止这些
大地正敞开它宽广且深厚的怀抱
拥抱生者的腰肢，拥抱逝者的头颅

逝者已矣。我们还活着——
在死神的古铜镜面，看见模糊的自己

2020-03-25

春风十里

桃花映在水里更红，樱花开在雨里更白
起风时，柳枝总是更绿也更柔软
无人涉足的河岸，春天来得更早
春风何止十里，从一个人吹向一群人
人群上方总有一朵朵云飘浮着
云多白啊，比鱼群更低矮，也更密集
鱼群刚刚苏醒，从冰层底下迤逦而来
搅动陈年的消息；荇草摇摆腰肢
舞动所有的手指；浮萍一点一点聚拢
又散开……再没有什么风景比这更美
在我们的一生中，再没有什么比这
更值得耗尽全部的热情，再没有什么
能让我们在大地上眼含热泪地行走
等走累了，就匍匐在大地上，听——
大地和天空往返消息于虚心的草茎

2020-03-25

春 雷

只一声，这世界从此分成两半
一半在闪电间，一半在黑暗里
一半在雨水中，一半在灯光下
一半在身体内部，记忆抽出枝芽
旋转着上升为火焰的形状
一半在远方的荒野，有毒的花
开得最美。接纳一切的大地啊
一半是毁灭，一半是生命
一半是过往，一半是未来
天空俯下身子，倾听人间消息
我也在倾听，等风暴远去
从万物的喧嚣里辨认出你的声音

2020-03-25

酒　徒

好多天没喝酒了。酒杯荒芜着
如同楼群上空的月亮，升起又落下
什么酒，才能把月亮斟满？
什么人，才能把月亮喝干？
喝干一月亮酒的人，咕咚一声
听月亮掉进腹中的古井
李白的酒碗就浮上来了
李白没写完的诗句在喉头激荡
王朝三百年的苍凉，弥散于三寸之舌
等着被吟咏，被写进月光
今时的月光不再是唐朝的月光
今时的酒，却仍和唐朝的一样醉人
今时的酒鬼，却仍和唐朝的一样
佯狂成真，横卧在时代的路口——
你想起上次喝完酒，不记得自己
是怎么离开酒桌回到家的
酒醒后你躺在床上，起身出门
跌跌撞撞下楼，在院子里站了会儿
照耀你的月亮，也曾照耀李白
李白拔剑四顾，而你两手空空
李白没写完的诗句

酒醒后你就全忘了

2020-03-29

清　明

多少人在这一天哭，像是从来没笑过
多少人在这一天沉默，像是所有说过的
话都是多余的。多少人在这一天
看着火光从纸钱里缓慢升起——
纸钱脆弱如你我，火光微暗如你我
你我在这一天还活着，是幸运呢
还是不幸？黑夜吞没你我遮掩你我的
羞耻和愧悔，又准时吐出你我
呈给一览无余的白昼。白昼和死亡
都是残酷的。你我忍受着所有
袒露在眼前的真相，和死亡前的活着……
我们在这一天哭，为所有无力更易的昨天
我们在这一天沉默，为仍会重复昨天的明天

2020-04-04

春夜里

今日清明。爱神花园空旷。只门卫和我
欧式洋房得有一百年了吧？旋转楼梯
也有一百年了。踩着一百年的时光往上
长长的走道里，光阴流动，灰尘缓慢浮沉
锁孔等到钥匙。满屋凌乱扑面而来
家具之间堆满杂志，杂志里的各种
文学和理论，此时阒寂无声——
是辩驳之后的慵懒和无聊吗？
我在这独属我一人的百年阒寂里坐着
云不来，鸟儿也不来。那不如走出去
推门至阳台，不远处淮海路边的高楼
灯光熠熠。而我身后灯光昏暗
黑暗从四周围拢，风吹不破，汽车喇叭声
也撞不破。是什么，在黑暗里喘息——
层层叠叠的绿里，是叠叠层层的黄
哦，是木香开了，千朵万朵千万朵
黑暗里小小的木香花，黄得语焉不详
从三楼屋顶，越过窗台，泻至一楼地面、
千千朵万万朵，新鲜的黄，沉重如斯
逝者如斯夫？金黄的瀑布，金黄的老虎

在春夜里，静止着奔腾，沉默着咆哮

2020－04－04

云　游

一片云带来黑暗和宽慰。再不必站在
明亮的光里，这一刻的孤独是完整的
完整的一个人更是难得。在闪光的
楼群之间，在行走的人群之中
一个人偶尔成为自己。不必看身影
不由自主地被拉长又压短，不必看
身影如过期的啤酒缓缓流淌到地面
路上总有车来车往，每一辆车里都挤满
低气压的此地和鲜花满坡的远方
那么多远方在路上，注定彼此错过——
这一刻，没有哪个远方让我向往
我只想站在云底，静默而且完整
等风从天上吹过，更明亮的光照耀
我重新把自己的一部分分给影子
走在影子上，走在去大地的路上

2020-04-06

马

黄昏草坡上站着一匹马。黄昏的光
让一匹马具有孤独的幽暗气息
黄昏在草地上弥漫开，世界瞬间
就遥远了。一匹马从远方走来
颜色、体态、温度和重量，在马蹄声里
得以完整表达。是什么来临了
暴风雨前的宁静，黎明前的黑暗
新生前的阵痛撼动胸口的栅栏
世界更遥远了。一匹马披一身星光
穿过漫山荆棘，不为哪一朵野花停留
当它终于走到门口，喷着咻咻鼻息
我们将从它的眼睛里看见深渊

2020-04-08

春天模仿者

飞鸟模仿春天鸣叫，声声清亮
花模仿春天盛开，耗尽根茎全部的
汁液：祭坛洒满红橙黄绿青靛紫
鱼模仿春天，从温暖的泥淖里
一枚枚箭镞穿过河水的清冷和透明
天空模仿春天，变得更轻；云模仿
春天投影在大地，将一滴雨珠顶在
麦芒高举的刀尖：这颤巍巍的光芒
是春天柔软的心——我们也在
模仿春天：要想心和心的跳动一致
必须得让身体和身体贴得更紧
暖热，汗水，力量……都在模仿着
春天。春天在哪里呢？我们如盲人
触摸巨象，只触碰到春天的发梢
这全部的春天模仿者，盲目而又
热情地一次次投入火焰，并且溃败
而黝黯的大地，就一次次忍耐并且容纳
全世界所有雨水的倾泻和流逝

2020-04-16

流 逝

流逝的何止光阴和流水——
星光熠熠，在云层间流逝
云卷云舒，在风中流逝
风里的鸟鸣和歌声，指缝
宽大与否，都没法把握
幽暗山谷里，明媚的红杜鹃
曾随流水蜿蜒。这曲折的消息
如一柄利剑，从一双手递到
另一双手。无人能解的深意
在坟典中静候。披星归来的
并非少年，是那白发的过客
从旧札中，翻检陌生的契约
雨水流逝于屋檐，打湿一种
轻易的念头……不会再有
一个人低下头来，面色羞红

2020-04-16

夜半醒来

夜半醒了。是重新睡去呢还是
决然醒来？醒睡之间一条大河
在星空下浩浩汤汤，无数念头浮沉
而蛙鸣如补丁，缝补在油光水滑的
夜色之上。这不再是一件纯黑的
棉袄，而是镶嵌了太多珠宝的
闪烁着幽静光芒的时尚皮袍
那些朴素的夜晚，早已消失殆尽
那些夜晚里尽是重复的劳作和
熟睡的人。黑猫总是不言不语
越上屋脊，和月亮互相默视着
陷入难以自控的沉思。鼠辈们
这时候才能舒一口气，窃窃
讨论明天的存粮还够不够果腹
咳嗽几声，阿公起床，取马灯于土墙
小小的火苗无中生有，挑开夜色
深入脚下的楼梯。阿公慢慢走上一条小路
他自己也成为一条小路：像一支
不疾不徐的箭，穿过黑暗而黑暗
迅速在他身后弥合。我躺在小床上
久久醒着。鼠辈们忽然停止议论

瓦片一声轻响，是黑猫偶然的失误

还是一生如此？夜徘徊在屋外

我久久等着。再没一声响动

整整三十年了，鼠辈们尚未从惊悸中

缓过神来。而远去的人再不会归来

夜半醒了，我多想看见走出夜色的是自己

仍是少年模样，手持马灯有如信使

2020-04-17

旧　村

村子还是旧时的样子。都还是土坯房
最后一间草房还没拆。骑单车的我
却是现在的我。我慢悠悠地从村里骑过
看到少女低眉站在草房前，看到少妇提着
水桶走过，衣袂晃荡水桶也晃荡，荡出的水
不多也不少。我看她们时她们也看我
我们彼此不认识，所以用不着说话
我想这应该是午后的村子，村子还是
旧时的样子，足够安静也足够明亮
我恍若倒立着骑行，在天空的镜子内部
忽然坠落，冲进大院子，车龙头差点儿
撞到墙上。一个干脆的刹车，停在院中
奶奶和另一位早已过世的奶奶在翻晒谷子
我看她们时她们也看我：你急着走吗？
我说不急啊。她们便继续低头翻晒谷子
我想这应该是秋天了，什么都慢悠悠的
不知道我要等什么，所以我不用等什么
等醒来时，窗外鸟在叫，此刻是上海春末
我知道几千里外的村子，刚刚播撒谷子
还没插秧，还没把天空装进一块水田

2020-04-17

鹰

山谷无风，光阴潮润。春末草木离离
映山白开在去年毫无悬念的悬崖
今年重新抽拔的青枝丫，草蛇灰线
埋伏着来年的花期。我和奶奶像去年
也像明年一样，走在今年山谷的底部
永远够不着的映山白可以擦净眼睛
辨不清方向的流水声，可以洗刷耳朵
袖里的手呢，只要伸出来就会有阴影叠加
一层又一层，没更厚也没更重——
一朵映山白的阴影和一朵雨云的阴影
轻重不分彼此，厚薄亦不分彼此
多出来的是什么呢？分明不一样了
忽然让手一沉的，必是匆匆而过的山鹰
枯叶般浮荡于高处轻寒的大风：我仰起头
就能和它对视，看进它灼热的眼底

2020-04-17

世界上所有的雨声

大雨突至。雨滴犹疑片刻，先落在屋顶
——茅草屋顶、瓦片屋顶和水泥屋顶
声音个个不同：有的轻柔，有的冷硬
再落在屋檐，落在伸出的晾衣架
打湿没来得及收回或忘了收回的
红衣服绿衣服——落在红色上的雨声
落在绿色上的雨声，也是不同的
然后雨滴落在树梢，香樟树、悬铃木
榆叶梅、柳树和竹子……树梢各不相同
和雨滴相遇的声音当然也不相同
或许还有迟谢的花朵。梅花、桃花和樱花
此时早已凋谢，只有那低处的牡丹
大而白的花朵，多像失眠的月亮
几粒幸运的雨滴，从遥远的天际到来
只为落进一朵牡丹的心，那声音
是春夜最温软的呢喃。更多的落在杂草上
落在裸露的土地上，或沉缓的河流上
相遇的声音，当然也各各不同
那雨滴和雨滴相遇呢？是紧紧相拥
还是转眼就错过？相拥和错过的声音
也是不同的。无数声音落在同一场雨里

还有很多声音我们无从辨认——
雨滴和黑夜、和白昼相遇的声音
也是不同的吧？那黑暗里和光明里的声音
是雨在日日夜夜说给这孤独的星球听

2020-04-18

第三辑

往日诗选

短　歌

黑夜如一束风干的野菊花，
在你无底的眼里点燃，
它摇曳的火焰，和繁星
涌进我的梦里：寂寞而灿烂。

流水潺缓，随你的忧伤
渐渐地蜕变成了另一个生命
守候在远方，如泛黄的记忆——
记忆是无数黑白相间的风景。

千山万水，不同的雨丝曾相同地
织进了我们凭栏的衣袂。
只能将低声的太息，如红叶，
夹进诗里，任它枯凋、憔悴。

而当我们转身，岁月的风
已摇落了多少瞬间的感动？——
熙攘的人群中，是否会有两个灵魂，
默默地，遥望今夜阒寂的星空？

2002-05-19，施甸一中

水月绝

一

掬一抔水，水中的月亮
昏黄的，一圈一圈漾开

月亮很远，传说很近
传说在梦里演绎一百遍，一千遍
悲欢离合，离合悲欢
月亮只能教手捧着
离手很远，在手的深处
在手触不到的地方，微微摇晃

二

也许握住了一湾湖
天鹅翅底，湖水
沉沉的睡眠压得夜喘不过气

低低地呼喊，月亮下
绝望如此美丽

三

芦苇苍苍，烟波浩渺
湖水封锁了
月亮，一尾金黄的鱼
鱼群无声地离去

擦肩而过，唯有寂寞
可以慢慢体味

四

你一步，一步，终于走远
我能忆起的全部已经恍惚

夜空低垂，流星倾落如雨
许个愿吧，合掌为莲
泪水应该藏好
当星星都已燃尽
泪水，展开一块月亮——
一扇窗子，擦拭了五千年
照我一步，一步，走回

五

推开颓圮的井栏，掬一抔水
以水作酒
饮尽月亮

从此再不见月亮
月亮沉入了骨头
荒草丛生

2003-11-24，复旦本部宿舍

挽　歌

埋葬了第二十个春天，还剩多少
空白的时间？当花瓣纷纷凋零
遮盖黑夜的空虚、寂寞、寒冷
我如何凭一扇窗户守望黎明？

月亮昏昏黄黄梦里辗转
轻舞飞扬或者悲歌痛哭的一个魂灵
在体内的沙漠挖掘一口井
清澈的泉水倾泻下来——忽然惊醒

我彻夜失眠，头枕一望无边的荒原
芳草离离紧接墓草青青
繁华落尽后凄凉蔓延
俯身拾拣，拣不起昨日的倒影

风从哪方吹来？风往哪方吹去？
来来往往无数漂泊的生命
在岁月的荒原中暂住，而我们
终将被遗弃，像一帧渐行渐远的风景

2005-04-19

黑　夜

灯一盏一盏地点燃，又一盏一盏地
熄灭。听不见一声哀悼，一声祝福
人们来来往往，交谈、相爱、死亡
深陷梦的漩涡，难以救赎

置身黑夜的湍流，难以泅渡
黑夜铅一般沉重、无言地笼罩
我们的灵魂像一株战栗的小草
它的低语，开不出美丽的花束

而摇曳，而燃烧，黑夜的火焰
我们看不见。我们被照亮
被剥蚀，被交给一双未知的手
四处漂泊：生命让我们无比孤独

当生命消逝，我们在疲倦的孤独中
静静地拥抱，在你泪光熠熠的双目
我啜饮焦渴，并把自己交给未来：
一个季节等待蒂落瓜熟

2005-04-21

独　白

在黑夜，灵魂的草籽绽开梦的花朵
我们在荒芜的梦中亲吻，相爱
听不见远方的战争，生与死
听不见一朵花的诞生、凋零、腐败

我们是沉默的，我们在窗子上
写下各自的名字，并画满天空和大海
一只鸟飞过，它将被淹没
它将从此消失，而我们将忍受漫长的等待

忍受推迟的刑期，忍受
命中早已注定的安排
我们是沉默的，我们沉默地
拥抱疯狂生长的欢乐、痛苦、悲哀

更多的花凋落，更多的。纷纷扬扬
一场绚烂的雨泛滥成灾
我们将被淹没，从此消失
没人听见，灵魂最后的独白

2005-04-23

打　开

打开，再打开，一朵花内心的风暴
呼应远方月光下涨伏的波涛
我们打开自己，如打开一本无人翻阅的书
黑夜一页页记下，面孔深处的喧嚣

而发现另一个我掩藏，屏住了呼吸
污浊的街道，灵魂慌不择路地潜逃
被抛弃的影子踽踽独行
衣不蔽体地露宿，饥寒呼号

我们的惊惧，我们的无助，我们
在无数否定之下苟活，为命运哀悼
那可能的已不可能
那不可能的已被遗忘，云散烟消

像一只飞蛾紧紧抱住，一星火
明明暗暗朦朦胧胧，近得无比迢遥
我们无声地相拥啜泣，圣洁的梦中
打开自己，在生命的祭坛上焚烧

2005-04-26

湿漉漉的梦中

湿漉漉的梦中，我们哭泣，与一束花相爱
它殷红的唇摇曳一朵小小的火焰
绝望地舞蹈，黑暗围拢
从四面八方，死亡的幽灵邃然凸现

天际悬垂的闪电，蓝色的战栗
击中了大地。而轰响的雷声无人听见
我们沉浸在内心的寂静中
拥抱，亲吻，泪水模糊了视线

为什么悲伤，仅仅因为翅膀
被丢失，被遗忘，在梦中的花园？
那无法醒来的梦深入灵魂
那无法飞翔的灵魂孤独而狂乱

让我们彻底地活，你说，冰凉的手指
抓不住匆匆逝去的雨丝风片
我们像两个无辜的孩子，站在岁月的镜前
看着自己日益衰老，消失，在春天的视线

2005-04-27

草

雷声碾碎草地的宁静，轰隆隆的春天
从花朵的唇边缓慢地消退、熄灭
没人留意一棵卑微的草，它的灵魂
在一阵大风中战栗，绝望地摇曳

它尚未绽开过它自己，袒露
美丽而圣洁的身躯。像一个柔弱的孩子
沐浴阳光纯粹的激情，为丧失哭泣
花朵哭泣，而它无权经历一次凋零的哀凄

没有一只蝴蝶飞来，没有谁为它哀悼
沉默地生，寂寞地死，天空无言地笼罩
天空那么高，那么高，风筝飞上去
飞上去，它看见自己匍匐地面的渺小

甚至找不到自己，多少次从梦中惊醒
穿越黑森林的忧郁，穿越荒原莽莽
一个无辜的生命，它的泪水温暖
融化了春天的冰凉，划过苍白的脸庞

2005-04-29

灯

——致海子

面对逼近的黑夜，我们相信灵魂不灭
相信一盏灯，它橘黄色的瞳孔
看见远方的湖泊、水草。闪电劈开
春天的疼痛在大地上蔓延

伤口美丽一如含毒的野花
我们负伤，但依旧活着。活着
安置生命在瘦弱的躯体，安置躯体
在一张狭窄的床，深陷混乱的失眠

许多死去的人前来谈话、告别
临行时留下难懂的诗篇
在灯下，我们耗尽一生也无法解读
那些用黑暗的翅膀拼凑的预言

沉浸在无言的孤独中
我们默默忍受生命，生命
是漫长的。漫长一生中
我们一次次错失了彼此

在灯下，偶尔也会有闪电前来拜访
劈开记忆冰冻的湖面
水草向着星空疯狂地生长
一群鸟飞出春天的视线

2006-01-18，复旦南区宿舍

幕 后

在 所有声音背后的
夜晚 所有黄昏背后的
夜晚 所有苍白的时间背后的
夜晚 我们抵达人世的边界
与一条隐秘的河流
茫然地对峙。对峙着
闭住眼睛、鼻孔、嘴巴，听——
一只鸟掠过山崖
羽毛落在水面
激起小小的漩涡 然后
我们 怯生生地
恢复呼吸

2009-10-24，复旦北区宿舍

我喜欢这样的黄昏

我喜欢这样的黄昏

孩子们在天井里　没有目的地

喊叫　受惊的蝙蝠匆匆掠过他们头顶

屋顶围成的天空　四四方方

一只鸟　路过另一只鸟

一朵粉色的云　路过树梢

时间在慢慢地　慢慢地

后退　下沉　忽然紧闭嘴巴

老人们背着手　三三两两站在迷蒙的光里

自说自话　彼此谁也听不清

谁也不用听清

像孩子们的喊叫　没有目的

像庄稼们静静地　静静地

生长出一生的负累

我喜欢这样的黄昏

我从一小片黑夜似的文字底部抬起头

就看见母亲挑水归来

她像挑着沉甸甸的

前世　今生

轻快地穿过长满青草的泥土小路

融入一面墙的阴影

2010-08-28，上海东方锦园出租屋

小糖人

小糖人，小糖人
阳光和雨露，大风和细草
天空那么高，我们跑不到远方了
我的小糖人

初冬在迷雾里捉迷藏，落叶边缘锋利
又一次杀死幻想
疼痛降下来了，黑色的黑夜
白色的白昼
我的小糖人
就快融化了

甜变得越来越奢侈，时间越来越奢侈
还有说话，拥抱，目光。就连回忆
也越来越奢侈。舌头的记忆
身体的记忆
越来越奢侈
我的小糖人
你就快融化了

就剩胎记般的一小块。所有的甜

黑色的，白色的，饱含深情的毒药
藏在最里面。一个巨大的谜语
我猜不出，也抓不住
——哦，你看到闪电的獠牙了吗？
我的小糖人
天空那么高，我们跑不到远方了

2013-11-22，上海师大一村出租屋

无　尽

有时候，云很重，水很轻。天空辽阔
草木也辽阔。望不到头的，又何止四面八方
还有光芒，还有夜色，还有这一生

那么漫长。一天一天累积着，一架梯子
往天空延伸。望不到头的，又何止天空
还有沉默，还有呼喊，还有这黑沉沉的凝望

望不到头的，从始至终望不到头
踮起脚尖不管用。仰起头，也不管用
只能低下头看看这个世界

有时候，这世界云很重，水很轻
行路人，你离开的时候
随手把这世界的轻与重也带走了。只剩下一个人
站在这里，囚于自我的地狱

2013-11-26

乌鸦和喜鹊

我还没有见到过
乌鸦。它只是以一个双音节词的身份
从我的一个句子，飞向
另一个句子。扑棱棱
翅膀在想象中通往
不幸，或者更黑暗的
死亡

有没有见过喜鹊呢？
我不确定。在北方
阴冷的天气，阴冷的风
万物静默，白杨树挺立
它的声音忽隐，忽现
终于在一片草地上，它蹦跳着
朝我走来：有羽毛，脚趾，滴溜溜的小眼睛
具体，缺乏隐喻
是灰喜鹊，不是喜鹊。朋友小声说
我朝它走去。毫无预兆
它飞走了
北方的天空是灰蒙蒙的

2014-03-27，上海陕西南路出租屋

春日短章

春天是一场火灾
要么烧灼你的内心
要么烧灼你的身体

哦，你说，红的是桃花
不是鲜血

2015-03-02

这是凌晨一点的村子

站在新房的阳台
前面十五米是别人家的新房
再前面五十米，是另一家的
前面一百米，还有一家正在盖
就在三天前，确切说不到五十个小时前
那栋黑瓦、土墙，芭蕉在后、桃花在前的老房子
在挖掘机的轰鸣中——
耗尽一生的笨拙
终于学会腾云驾雾

我站在阳台上，看见
挖掘机的铁手
高举着
里面什么都没有
该走的都走了
它还在等待什么

此刻，星星亮得吓人
村后的小山黑得吓人
在我前面不知道几米
一只鸡叫了

在凌晨一点
星星依旧亮得吓人
小山依旧黑得吓人

在凌晨一点
一只鸡叫了

2015-03-03

一个无所事事的黄昏

斑鸠在窗外叫

咕咕咕——咕咕——

落雪后的阳光特别耀眼，襟怀坦荡

有一些穿透玻璃

涂黄办公室的老旧木地板

办公室里只有我一个人

只有我一个人想着一些不相关的事儿——

一个朋友刚刚告诉我

她离婚了。她微笑着

说从此无牵无挂了……

偶然发现，一个刚读过他的诗的

年轻诗人，在两年前就死了……

手机铃声响亮，一条短信从三千里外到达

母亲用满篇的错别字告诉我

停电两个月的老家

来电了。等不及天黑

她按下所有开关，楼上楼下的

黄昏，都后退了一步

2016-02-02

火车穿过中国大地

火车啊穿过

中国北方的、南方的广阔大地

两侧应该有白杨、杨柳、高粱、玉米

还有蝼蚁和牲畜，还有祖先和人民

可什么都看不见，只看见

无穷尽的夜

无穷尽的火车深入

夜的更深处

有孩子的啼哭，瞌睡人的眼

眨眼的不止星星

还有我们谈论的生死和命运

这些大词，静悄悄地守候

在我们看不见的地方

不时微笑，目光狡黠

2016-08-24

雨　天

黄昏，雨停了
天一层楼一层楼地黑了
仍然听见水声
滴答滴答
从阳台外违章搭建的铁板边沿落下
滴答，滴答
抵达不知何处的幽深
没睡着的人数着
看见星星，一颗一颗
滴答，滴答

2016-11-07，初稿于上海曹杨新村出租屋

乌 鸦

沉默，或者打破沉默
行走，或者放弃行走

一个不小心泄露的词汇
一片不小心描绘的暗影
一种不小心设想的未来

一只乌鸦飞过来
停在初春的枝头
风不吹
鸟不鸣

云朵那么高
影子在大地上缓缓移动

2017-03-29

图书在版编目（CIP）数据

去大地的路上 / 甫跃辉著. -- 武汉 ：长江文艺出
版社，2021.9
　　（第 37 届青春诗会诗丛）
　　ISBN 978-7-5702-2265-0

　　Ⅰ. ①去… Ⅱ. ①甫… Ⅲ. ①诗集－中国－当代
Ⅳ. ①I227

中国版本图书馆 CIP 数据核字(2021)第 127037 号

去大地的路上
QU DADI DE LUSHANG

特约编辑：寇硕恒

责任编辑：胡　璇　　　　　　　责任校对：毛　娟

封面设计：璞　闾　　　　　　　责任印制：邱　莉　　王光兴

出版：长江出版传媒　长江文艺出版社

地址：武汉市雄楚大街 268 号　　　　邮编：430070

发行：长江文艺出版社

http://www.cjlap.com

印刷：中印南方印刷有限公司

开本：850 毫米×1168 毫米　　1/32　　印张：6.125　　插页：4 页

版次：2021 年 9 月第 1 版　　　　2021 年 9 月第 1 次印刷

行数：4018 行

定价：46.00 元